DUMONT

»Mein Hund hat einen freieren Menschen aus mir gemacht, vielleicht einen besseren.« *Ilka Piepgras*

Ilka Piepgras nahm Natur nur als Kulisse für Erholung war. Doch mit der Aufnahme des Berner Sennenhundes Teddy ändert sich alles, das Tier macht aus ihr einen anderen Menschen. Plötzlich packt sie die Sehnsucht nach der Natur mit ungeahnter Wucht. Sie spürt auf ihren langen Spaziergängen mit Teddy durch den Berliner Stadtwald oder die Uckermark, dass auch sie Teil davon ist. Aber die Autorin plagen auch Selbstzweifel, denn Teddy ist wild und ungestüm. Wie soll man einen Hund gesellschaftsfähig machen, ohne ihm seine Natur und Instinkte abzusprechen?
›Das Tier meines Lebens‹ ist ein intelligentes, wunderbar erzähltes Buch über Hunde, Hundeerziehung und das Verhältnis zwischen Mensch und Hund.

Ilka Piepgras, geboren 1964, studierte in München Politische Wissenschaften und arbeitete ab 1991 als Reporterin bei der Berliner Zeitung. Nach einem Studienjahr in Havard wechselte sie 1999 zur Financial Times Deutschland. Sie ist Autorin der Bücher ›Meine Freundin, die Nonne‹ und ›Letzte Reisen‹ und arbeitet heute beim ZEITmagazin.

Ilka Piepgras

Das Tier meines Lebens

Wie mein Hund aus mir
einen anderen Menschen machte

DUMONT

Für Rebecca und Jonathan

INHALTSVERZEICHNIS

Mein Hund hat schlanke Beine und einen massigen schwarzen
Rumpf. Wenn es regnet, kringeln sich die schwarzen Haare auf
seinen Schlappohren zu Locken, und im Dunkeln leuchtet sein
weißes Brusthaar wie das Frackhemd eines Philharmonikers. Sein
Fell fühlt sich weich wie eine Kaschmirdecke an und verströmt,
je nach Jahreszeit, unterschiedliche Aromen. Mal riecht es nach
frisch gebackenem Brot, mal nach nassem Waldboden. Seine Schen-
kel sind oberhalb des Kniegelenks schwarz und darunter braunrot
wie Herbstlaub, die Pfoten weiß. Die Verteilung der Farben an seinen Beinen macht den Eindruck, er trüge Kniestrümpfe und flache Schuhe. Er ist bildschön. Dieser Hund namens Teddy schaut
gern James-Bond-Filme (aber nur die alten) und mag den Geschmack von Handcreme. Wenn er auf dem Küchenboden liegt
und jemand zu laut mit Geschirr klappert, stößt er einen miss-
billigenden Seufzer aus. Manchmal legt er sich auf den Rücken,
streckt die Beine in die Luft und lässt sich, den Kopf aufgeregt von
rechts nach links drehend, genussvoll am Bauch kitzeln. In anderen Momenten steht er, die weiße Brust würdevoll herausgestreckt,
an einem Hang und wirkt gebieterisch wie der König der Löwen.
Dieses Wechselspiel aus kindlicher Ausgelassenheit und erwachsener Gefasstheit macht seinen Charakter aus.

Neulich habe ich im Garten eine Pflanze vergraben, und als ich
mit den Händen ein Erdloch aushob, stieß Teddy mit seiner Schnau-

ze hinein. Er schien begeistert davon zu sein, dass ich auf dem Boden kniend im Dreck wühlte – und ich fühlte mich darin bestätigt, das Richtige zu tun. Der Hund ist mein Resonanzboden und Spiegelbild, er versichert mich meiner selbst. Anderes Beispiel: An einem Wintertag streifen wir frühmorgens gemeinsam durch den Wald. Der Boden ist frostig weiß gepudert und knistert wie Papier, wenn Teddy durchs Unterholz läuft. Sein Atem bildet Kondenswolken in der kalten Luft. Wie ein Trüffelschwein wühlt er den krautigen Boden auf, sein Grunzen und Schnaufen bricht dröhnend die Stille. Ich gehe ein Stück voraus, und als er mir nicht nachläuft, drehe ich mich um und rufe ihn. Einen Moment lang verharrt er unschlüssig an der Duftspur, reißt plötzlich den Kopf herum in meine Richtung und sofort danach den Körper, rast los. Seine Schlappohren flappen im Laufen auf und nieder, seine Beine fliegen wie die eines Rennpferdes. So viel Hund, denke ich, als er auf mich zuläuft, durchströmt vom Gefühl einträchtiger Verbundenheit. Ein Stück weit gehen wir Seite an Seite und gelegentlich spüre ich die kalte Schnauze des Hundes an meiner zur Faust geballten Hand, er stupst beharrlich hinein, bis ich sie schließlich öffne und er sanft mit den Lippen, die sich über seine scharfen Reißzähne wölben, ein Stückchen Wurst aus meinen Fingern klaubt.

Teil 1

WIE ES BEGANN

Als mein Bruder hörte, dass wir mit dem Gedanken spielten, einen Hund zu kaufen, schaute er mich spöttisch an und sagte: »Du? Einen Hund?« Wir sind in den Siebziger- und Achtzigerjahren groß geworden und von dieser Zeit geprägt. In der Kleinstadt, in der wir aufwuchsen, waren Gärten nur ein matter Verweis auf die Fülle der Tier- und Pflanzenwelt. Zum Gartenideal meiner Jugend gehörten Sichtschutzwände und Waschbetonplatten, Rose und Immergrün, auch Rabatten mit viel nackter Erde. Die freie Natur nahm ich damals hauptsächlich als Kulisse für Sport und Erholung oder als Autobahnbegrünung auf dem Weg zum Windsurfen am Mittelmeer wahr. Mein Vater bezeichnete uns als Materialisten und im Rückblick weiß ich, er hatte recht.

Tieren begegneten mein zwei Jahre älterer Bruder und ich ebenfalls reserviert. Als ich ungefähr acht war, durften wir uns bei einem Kollegen meines Vaters, er war Mediziner an der Universität, zwei Labormäuse aussuchen. Wir nannten sie Dick & Doof, verloren schnell das Interesse an ihnen und brachten sie den Biochemikern zurück. In Erinnerung geblieben ist mir vor allem der stechende Geruch im Institut. Ein innigeres Verhältnis entwickelte ich ein paar Jahre später zu meinem Meerschweinchen. Es hatte graubraunes Fell mit Wirbeln und war sehr dick. Alle paar Wochen holte ich beim Schreiner einen Sack Sägespäne für seinen Stall, den ich gewissenhaft reinigte. Eines Morgens lag Moppel leblos auf den Spänen. Womöglich hatte ich sie überfüttert?

Auch meine Berliner Osteopathin runzelte die Stirn, als ich während einer Behandlung unser Vorhaben, einen Hund zu kaufen, erwähnte. Sie erzählte, dass sie sich für die Eingewöhnungszeit ihres Border Collies mehrere Wochen freigenommen und ihre Wohnung kaum verlassen hatte. »Ein Hund ist eine riesige Verpflichtung. Bist du ganz sicher, dass du das willst?«, fragte sie, und nein, das war ich nicht.

Ich bin Jahrgang 1964 und ein verkopfter Großstadtmensch. Mein Verhältnis zu Flora und Fauna war lange Zeit ein theoretisches und mein Wissen so lückenhaft, dass ich Blumenzwiebeln bis vor Kurzem noch mit dem Trieb nach unten eingepflanzt habe. All die Jahre ging ich lieber ins Kino statt in den Garten, und Tiere kannte ich, wenn überhaupt, aus Büchern wie Lassie oder Fernsehserien wie Daktari. Ich habe nie Katzenposter aufgehängt und war nur wenige Male im Zoo. Von Tieren, urteilte ich überheblich, kann ich nichts lernen. Die haben mir nichts zu sagen, denn sie sprechen ja nicht.

Ein Hund passte nicht in mein Selbstbild, ich fühlte mich einerseits zu jung, andererseits zu alt. Ein Hund, dachte ich, ist etwas für Kinder oder ältere Leute. Als Frau im Ruhestand hat man vielleicht unter der Woche Zeit für lange Spaziergänge oder Lust darauf, für das Tier Bälle zu werfen, aber einer berufstätigen Mutter mit zwei Kindern im Teenageralter, bildete ich mir ein, fehlt dafür der Raum. Mein Mann und ich arbeiten beide als Journalisten und sind oft unterwegs. In unserem geschäftigen Alltag einen Hund unterzubekommen, schien mir unmöglich. Ich sah mich Paletten mit Futterdosen schleppen und Termine beim Tierarzt vereinbaren, sah Schmutz und Verantwortung, spürte Bürde und Last. Ich mochte unser Leben so, wie es war, auch wenn ich oft das Gefühl hatte, ihm hinterherzulaufen. Ständig gab es etwas aufzuholen oder zu erledigen, ich marschierte rast- und ruhelos durch die Zeit.

Keine meiner engen Kolleginnen hatte einen Hund, auch im Freundeskreis und in der Verwandtschaft gab es nur eine verschwindend geringe Zahl von Hundebesitzern. Wie so oft fehlte mir ein Vorbild und schon der Gedanke an ein Tier überforderte mich. Ein Hund erschien mir als reine Belastung, und ich fürchtete das Anarchische, das seine Anwesenheit zweifellos in unser Leben bringen würde. Ich sah nur weitere Pflichten und nicht die Möglichkeit einer Kameradschaft, eine Beziehung mit einem Hund hielt ich für Einbildung und Gefühlsduselei.

Bis zuletzt, dem Tag, als der Hund bei uns einzog, war ich nicht sicher, ob ich ihn haben will. Ich hatte kein Herz für Tiere. Mein Leben lang war ich Hunden aus dem Weg gegangen, sie interessierten mich nicht. Die Kleinen fand ich überflüssig, die Großen bedrohlich. In meiner Kindheit lernte ich nur einen einzigen Hund näher kennen, einen Neufundländer, das Haustier von Freunden meiner Eltern, und mich ekelte sein sabberndes Maul. Manchmal tauchte ein Hund unvermittelt an einem Gartenzaun auf, an dem ich entlanglief, und sein Kläffen erschreckte mich. Für mich waren Haustiere aufdringliche Wesen, mit denen sich ihre Besitzer viel Arbeit aus Gründen machten, die mir ein Rätsel waren.

Deshalb hatte ich jahrelang den Wunsch meiner Kinder nach einem Haustier kategorisch abgewehrt. Solange die Zwillinge klein waren, hielt ich das locker durch, aber dann begeisterten sie sich in den österreichischen Bergen, der Heimat meines Mannes, für die Katzen des Alpengasthofs, in dem wir gelegentlich wohnten. Zu beobachten, wie die Kinder mit beiden Händen die Tiere packten und fest in den Armen hielten, erwärmte sogar das Herz einer Tierskeptikerin wie mich.

Mit zehn wünschte sich mein Sohn so brennend eine Katze zu Weihnachten, dass ich zu googeln begann. Wenn wir uns tatsächlich ein Haustier zulegten, fand ich, dann sollte es außergewöhnlich schön anzuschauen sein. Inspiriert von der cremefarbenen Perserkatze einer Bekannten klickte ich mich durch Dutzende Seiten von Katzen mit einfarbigem, buschigem Fell. Bei der Rasse Maine Coon blieb ich hängen, das sind ungewöhnlich große Katzen mit einem extrem buschigen Schwanz, wegen ihres anhänglichen Wesens und ihrer Größe »Hundekatze« oder »Sanfter Riese« genannt. Ich stieß auf eine Annonce von Berliner Züchtern mit Bildern sehr süßer Katzenbabys, von denen zwei – Cantinera Escada und Chaya Maestia – noch zu haben waren.

Nach der Terminvereinbarung machten mein Mann und ich uns auf den Weg ins Märkische Viertel, einer Hochhaussiedlung für 50 000 Menschen am nördlichen Rand der Stadt. Wir fuhren mit dem Aufzug in den sechzehnten Stock, und ich dachte, was für ein merkwürdiger Ort für die Zucht von Katzen. Oben angekommen, öffnete uns ein Mann. Während wir uns begrüßten, fiel mein Blick auf einen überlebensgroßen Kratzbaum. Ganz oben lag majestätisch ausgestreckt eine langhaarige Katze, den buschigen Schwanz parallel zum Körper drapiert. In ihrem goldgelben Fell waren braune Streifen, und sie schaute uns feindselig an. Sie wirkte wie ein gewaltiger Tiger, lauernd, als würde sie im nächsten Moment vom Kratzbaum springen und uns fauchend mit ihren Krallen über das Gesicht fahren. »So groß werden die Katzen?«, fragte ich den Züchter, und als er nickte, machten wir kehrt und fuhren heim. Mein Sohn bekam zu Weihnachten wieder Lego, mit dem Katzenthema waren wir durch.

Ein paar Jahre später wünschten sich die Kinder einen Hund. Wir Eltern wichen aus oder verschoben die Möglichkeit halbherzig in die Zukunft, eine Zeit lang war Ruhe, dann blitzte die Sehnsucht wieder auf und wurde erneut verdrängt. Einmal bewarb sich unsere Tochter für eine Schule, und um sie für die Aufnahmeprüfung zu motivieren, wurde vage ein Haustier in Aussicht gestellt. Die Kinder, jetzt Teenager, fixierten das schriftlich auf einem Zettel, und noch Jahre später, als die Prüfung längst geschafft war, aber noch immer kein Tier im Haus, hing dieser Zettel im Türrahmen zur Küche, eine stumme Mahnung an ein nicht eingelöstes Versprechen, die mir unangenehm war.

Doch als im Herbst 2017 innerhalb weniger Tage beide Großväter starben, fiel die Entscheidung wie von selbst. Ein Hund, so dachten wir, würde der Familie helfen. Allein seine körperliche Anwesenheit gäbe den Kindern, deren fünfzehnten Geburtstag wir gerade gefeiert hatten, Halt, und die Pflege des Tieres würde sie Verantwortung lehren. Beide versprachen, den Hund morgens vor der Schule abwechselnd auszuführen. Was man halt leichthin so sagt, wenn man als Teenager unbedingt einen Hund haben will. Und dem man als Mutter gerne arglos Glauben schenkt. In das Paralleluniversum, das sich auftut, wenn man sich einen Hund zulegt, rutschte ich also als Trittbrettfahrerin hinein: Wir kauften ihn für die Kinder, jedenfalls redete ich mir das ein.

Als ich in den Kauf eines Welpen einwilligte, war ich Mitte fünfzig. Von der Tragweite der Entscheidung ahnte ich nichts, denn eine wie ich konnte nicht wissen, wie überwältigend und frustrierend, erschütternd und bereichernd das Leben mit Hund ist. Es gibt ein Leben vor dem Hund und eines mit, so wie es ein Leben ohne Kinder gibt und eines mit. Der erste Hund ist ein Bruch und eine Zeitenwende, ein Einschnitt von großer Radikalität.

»Als jemand, der zu Hunden auf Distanz geht, verstehe ich nicht, warum du so viel Zuwendung, Interesse, Sorge lieber an ein Tier richtest als an andere Menschen«, schrieb mir unlängst eine Freundin. Erst haben mich ihre Worte gekränkt, doch dann erkannte ich mich darin selbst. Noch vor wenigen Jahren war ich genauso verständnislos. Seit ich denken kann, wollte ich das Leben intellektuell durchdringen und beherrschen, statt es einfach nur zu spüren. Bis mich vor ein paar Jahren an der Atlantikküste – die gewaltige Brandung des Meeres in allen Sinnen – jäh ein Gefühl von Vergänglichkeit durchfuhr. Einen kurzen Moment lang habe ich gespürt, wie begrenzt meine Existenz ist und wie lächerlich klein ich bin in diesem gewaltigen Universum. Seither habe ich den Eindruck, auf dem Rückweg zu sein – zurück ins Nichts oder was auch immer es ist, aus dem ich gekommen bin. Jetzt treibt mich das Gefühl an, schnell noch die ganze Welt erfahren zu wollen, Versäumtes nachzuholen. Die Sehnsucht nach Natur hat mich mit ungeahnter Wucht gepackt.

Doch mit dem Einfluss des Hundes auf meine Gefühlswelt habe ich dennoch nicht gerechnet, er hat mich kalt erwischt. Als wir unseren Hund im Februar 2018 beim Züchter abholten, war er so ziemlich das Letzte, von dem ich glaubte, es könne mir fehlen. Heute sehe ich ihn als Schamanen und Mentor – und von dieser erstaunlichen Entwicklung erzählt dieses Buch.

DIE ENTSCHEIDUNG

Als die Kinder spürten, dass wir es ernst meinten und ein Hund in greifbare Nähe rückte, schickten sie uns Hundevideos und Hundefotos als Ansporn. Auch ein Artikel darüber, dass Hundebesitzer länger leben, weil das Risiko für Herz-Kreislauf-Erkrankungen sinkt, wurde in der Familie geteilt. Mein Sohn kämpfte erst für einen Bernhardiner, denn einen davon gibt es in unserer Nachbarschaft: Tiffy ist so groß und stämmig, dass man sich, wenn sie aufrecht steht, an ihr anlehnen kann. Sie bellt höchstens alle paar Monate mal und dann so volltönend, dass man sie erkennt. Mir war ein Bernhardiner entschieden zu groß, also schwenkte mein Sohn auf eine eng verwandte Rasse um, den Berner Sennenhund.

Zum ersten Mal in meinem Leben achtete ich auf die Hunde in meiner Umgebung. Auf einem Waldspaziergang sprach ich eine Frau an, deren großer, wuscheliger Hund mir gefiel – ein Bobtail, wie ich erfuhr. Ich kaufte ein Buch über Hunderassen und verguckte mich in einen ungarischen Puli, das ist ein Hütehund mit bodenlangen Dreadlocks, der wie eine Lappenbürste aus der Autowaschanlage aussieht und zu jener Sorte fotogener Hunde gehört, der man eher auf Instagram als im richtigen Leben begegnet. Noch nahm ich die Sache nicht wirklich ernst. Ich komme da jederzeit wieder raus, redete ich mir ein.

Mit der Zeit wurden unsere Vorstellungen konkreter. Es sollte auf jeden Fall ein richtiger Hund sein, groß und kuschelig, kein Schoßhund und auch keiner dieser praktischen Hybridhunde wie

Goldendoodle oder Schnoodle, die als pflegeleicht gelten und gerade in Mode sind.

Eines Nachmittags waren wir alle zusammen im Auto unterwegs und sahen auf dem Bürgersteig eine Frau mit einem Berner Sennenhund an der Leine. Nach Begeisterungsschreien gab es eine Vollbremsung, wir parkten den Wagen kurzerhand am Straßenrand und liefen zum Hund. Das Tier ließ sich mit stoischer Ruhe von vier fremden Menschen begutachten und streicheln, auch seine Besitzerin schien tiefenentspannt und beantwortete geduldig alle Fragen. Nein, die Hündin verlöre nicht zu viele Haare, nur während des Fellwechsels zweimal im Jahr müsse man sie jeden Tag bürsten, sagte die Frau, und größer werde sie auch nicht mehr. Es sei ihr vierter Berner Sennenhund, erzählte sie noch. »Wenn man erst mal einen davon hatte, will man keinen anderen mehr.«

Zurück im Auto waren wir uns einig: Dieser Hund – ein Familienhund wie aus dem Bilderbuch – sollte es sein. Ich hatte gespürt, dass hier eine Art Schicksalsbegegnung stattfand und mir vorsorglich die Telefonnummer der Frau notiert, am nächsten Tag rief ich sie an und fragte, aus welcher Zucht ihr Hund stamme. Durch ihre Empfehlung gelangte ich an einen Züchter in Hamburg, der aber zu diesem Zeitpunkt keinen Wurf in Aussicht hatte, also durchforstete ich Webseiten von Verbänden und Vereinen auf der Suche nach weiteren Züchtern. Jetzt, wo die Entscheidung gefallen war, fieberte ich dem Abenteuer entgegen, und es konnte mir gar nicht schnell genug gehen. Ich schrieb Dutzende E-Mails, aber niemand hatte Welpen abzugeben. Nur in einem Dorf in Sachsen war ein einzelner Welpe übrig geblieben, und als wir ein Foto geschickt bekamen, wussten wir, warum: Die für Berner Sennen charakteristische schwarz-weiß-braune Färbung war in seinem Gesicht verschwommen, sodass ein schwarzer Strich direkt über der Schnauze verlief. Mit diesem Schnurrbart wirkte er wie ein kleiner Diktator, eine unfreiwillig komische Figur. Wir waren kurz versucht, ihn zu nehmen, entschieden uns dann aber dagegen. Wenn schon Hund, dann perfekt, dachte ich, aber vielleicht wollte ich nur Zeit schinden.

Je weiter sich die Suche hinzog, desto besser konnte ich mich an den Gedanken gewöhnen, dass ein Hund bei uns einziehen sollte. Der kleine Diktator aber hat sich in unser Gedächtnis eingebrannt. Noch heute fragt mein Sohn gelegentlich, was wohl aus ihm geworden ist. Hätten wir ihn nicht doch aufnehmen sollen?

Und dann, kurz vor Weihnachten, ging plötzlich alles sehr schnell. Jemand empfahl uns eine Zuchtstätte in der Nähe von Stuttgart, wo eine Hündin gerade geworfen hatte. Nach einem langen Telefongespräch – die beiden Züchter wollten wissen, ob wir einen Garten hätten und wie unsere Arbeitszeiten aussähen – wurden wir eingeladen, die kleinen Hunde zwischen den Jahren persönlich kennenzulernen. »Als Termin schlagen wir Ihnen den 27. Dezember 2017 vor, Sie dürfen schon gerne am späten Vormittag oder frühen Nachmittag zu uns kommen. Ein alternativer Termin wäre am 2. Januar. Bitte bringen Sie Hausschuhe mit«, hieß es in einer E-Mail der Züchtergemeinschaft, einem Rentner und einer Frau um die sechzig.

Das konkrete Datum vor Augen, überfiel mich Panik. Die Verantwortung! Der Dreck und all die Scherereien! Plötzlich traute ich mir die Veränderung nicht mehr zu. Schon die Organisation der Reise zum Kennenlernen erschien mir jetzt, unmittelbar vor den Feiertagen, ein unüberwindliches Hindernis zu sein. Wir bliesen die Sache kurzerhand ab. Die Kinder waren enttäuscht, aber erstaunlich gleichgültig. Noch wusste ja keiner, was ihm entging. Vielleicht spürten sie auch instinktiv, dass das letzte Wort noch nicht gesprochen war.

Wiederum ein paar Wochen später, zu Beginn des neuen Jahres, klickte ich aus einem Impuls heraus die Website des Züchters an und stieß dort auf neue Fotos der Welpen. Auf einer Babywaage liegend blickten sie in die Kamera. Die blinden Fellbündel mit rosa Schnauze aus der Anfangszeit hatten sich zu schlappohrigen Charakterköpfen mit großen runden Augen entwickelt. Ich wurde sofort schwach und erfuhr, dass zwei Welpen noch zu haben seien: Lord Brown und Lord Black, so die Arbeitstitel der verbliebenen beiden Rüden aus dem Wurf. Auf einmal schien es mir machbar, und ich gab meinen Widerstand endgültig auf.

Wir sagten verbindlich zu, einen der beiden zu nehmen. Wegen der großen Entfernung wurde auf ein Kennenlerntreffen verzichtet, und wir vereinbarten direkt einen Termin zur Abholung. Ende Februar würde es so weit sein. In meinem Kopf entstand das Bild eines Hundes, der vor der Haustür liegt und in die Sonne blinzelt. Gelegentlich würde ich dem Tier durchs Fell wuscheln und ihm Futter hinstellen. Ein Idyll.

Anhand der Fotos durften wir uns einen der beiden Hunde aussuchen und entschieden uns für Lord Black. Auf das Geschlecht unseres künftigen Hundes hatten wir keinen Einfluss mehr, aber die Männer in der Familie wünschten sich ohnehin einen Rüden. Uns Frauen war es gleichgültig. In meiner grenzenlosen Ignoranz hatte ich mich nicht damit beschäftigt, wie sich Rüden und Hündinnen in ihrem Verhalten unterscheiden. Kann nicht so schlimm sein, sind beides halt Hunde, dachte ich.

In den sechs Wochen zwischen Entscheidung und Abholung gab es eine Menge zu tun. Wie vor der Geburt meiner Kinder baute ich ein Nest und stellte mich auf eine Zeit ein, in der man das Haus kaum verlässt. Ich füllte die Speisekammer auf und ging zum Frisör, sagte Termine ab, die in die erste Zeit mit Hund fielen. Zum Schutz vor seinen Krallen deckten wir den Parkettboden einiger Wohnräume mit robusten Sisalteppichen ab. In einer Hundeboutique kaufte ich ein Halsband und eine Leine, beides in Rot. Auch eine Hundematte aus Mikrofasern wurde angeschafft, eine extrasaugfähige Matte, die Zeit und Nerven sparen würde, wie es in der

Produktbeschreibung hieß. Und ein Stofftier für den Welpen, es war als Spielzeug und Willkommensgeste gedacht.

Schließlich besorgte ich noch eine Hundebox für den Transport des Tieres im Auto, das hatten uns die Züchter geraten. Erst im dritten Anlauf gelang es mir, die Box in der richtigen Größe zu bestellen: Erst war sie zu klein, dann zu groß. Als sie schließlich aufgebaut vor mir stand – so groß wie ein Umzugskarton und mit einem weichen Fell ausgelegt – kroch ich hinein, um zu erkunden, wie man sich darin fühlt. In diesem Moment ahnte ich nicht, dass ich die Einzige bleiben würde, die das tat. Der Hund würde die Box komplett ablehnen, und das war die allererste Fehleinschätzung in meiner Beziehung zu ihm.

Noch bevor der Hund bei uns einzog, erkundigte ich mich nach Hilfe beim Ausführen und ließ mir Welpenschulen empfehlen. Ein paar Adressen in der Hinterhand zu haben, gab mir Sicherheit, so wie damals bei den Kindern, als ich die Telefonnummern möglicher Babysitter hortete.

In der Nacht vor der Abholung schlief ich unruhig. Was für ein Wagnis, dachte ich. Sollte wirklich ein Hund bei uns einziehen?

Um die lange Reise innerhalb eines Tages bewältigen zu können, hatten wir für den Hinweg einen Flug gebucht. Zurück würden wir einen Leihwagen nehmen. Die Hundebox ließ sich zusammenfalten und in einer Schutzhülle mit Griffen wie ein Aktenkoffer tragen. Als ich derart ausgerüstet das Flugzeug betrat, fühlte ich mich wie ein Geschäftsreisender auf dem Weg zu einer Aufsichtsratssitzung. Während des Fluges blätterte ich zum ersten Mal in einem Ratgeber über Welpenerziehung. Wie allen neuen Themen wollte ich mich auch dem Hund über Bücher nähern, aber in diesem Fall funktionierte es nicht, denn ich konnte den Texten schwer folgen, fand den 8-Wochen-Intensivtrainingsplan darin schablonenhaft und überladen. Ich beschloss, mich anstelle der Theorie erst mal der Praxis auszusetzen, und verstaute das Buch in meiner Handtasche.

Es ist Sommer 2021 und ich habe gerade mit der Arbeit an diesem Buch begonnen, und obwohl ich über meinen Hund schreibe, gehe ich ihm eine Zeit lang aus dem Weg. Zu Hause im Südwesten Berlins, einem Viertel mit vielen Bäumen und Seen, habe ich zwar Ruhe zum Schreiben, aber mir fehlt die nötige Konzentration. Es ist der Sommer nach dem ersten Corona-Lockdown, die Zeit der neuen Anfänge – aber mir will kein Anfang gelingen, ich finde in die Arbeit nicht hinein. Wir Eltern haben monatelang im Homeoffice gearbeitet, die Kinder Abitur gemacht. Wir sind nicht gereist in dieser Zeit und haben das Viertel kaum verlassen, es war eine herausfordernd reduzierte Zeit.

Vielleicht stört die Nähe zum Protagonisten, überlege ich. Über den Hund, jetzt fast vier Jahre alt, zu schreiben und ihn gleichzeitig ununterbrochen zu sehen, erschwert den Prozess. Ich brauche Distanz, denke ich an einem schwülheißen Julitag und buche ein Hotelzimmer im Osten der Stadt.

Das Hotel liegt im Bezirk Friedrichshain, einem als Studenten- und Partykiez bekannten Stadtteil mitten in Berlin. Man kann hier billig wohnen, denn viele Häuser wurden seit der Wiedervereinigung noch nicht saniert. Die Dichte an Vintage-Läden, Bars und sogenannten Spätverkaufsstellen – kleine Läden, in denen Grundnahrungsmittel verkauft werden und die jeden Tag bis in die Nacht hinein geöffnet haben – ist in Friedrichshain größer als sonst wo in der Stadt. Auch die Zahl der Hostels ist überdurchschnittlich hoch, sie sind Anlaufpunkte für Klassenfahrten aus deutschen Kleinstädten und internationalen Großstädten, auch für Leute, die ein paar Nächte durchtanzen wollen, denn in Friedrichshain befinden sich das weltberühmte Berghain und jede Menge anderer Techno-Clubs. Diese Gegend könnte keinen größeren Kontrast zu meinem geruhsamen Wohnviertel bilden, das 25 Kilometer entfernt am Stadtrand liegt und vor allem Familien anzieht.

Gegenüber des Hotels sitzen Leute auf einer Eisenbahnbrücke und machen Selfies mit Bierflaschen in der Hand. Die Kellner im Hotelrestaurant sprechen Englisch und präsentieren anstelle einer Speisekarte die frischen Zutaten des Einheitsmenüs auf einem Tablett am Tisch. Mein Zimmer hat ein Hochbett und wirkt in seiner holzigen Kompaktheit wie eine Studentenbude. In der Pandemie würden viele Hotelzimmer monatsweise als Homeoffice an Berufstätige vermietet, sagt der Manager, als ich einchecke. Es gefällt mir, dass ich nicht die Einzige bin, die der Behaglichkeit ihres Zuhauses zum Arbeiten entflieht.

Dreißig Jahre früher, im Frühjahr 1991, habe ich schon einmal in diesem Viertel einen Koffer ausgepackt. Da war ich siebenundzwanzig und fing bei der Berliner Zeitung als Reporterin an, es war mein erster richtiger Job. Das Blatt aus dem Osten war gerade privatisiert und von einem großen westdeutschen Verlag gekauft worden, nun sollte es für den Wettbewerb in der Marktwirtschaft gerüstet werden. Ich kam in gestreifter Bluse und Lackschuhen direkt vom Studium aus München und wurde am ersten Arbeitstag im rauchverhangenen Konferenzzimmer von den älteren Kollegen skeptisch gemustert. Erst eine Handvoll Westdeutsche arbeitete bei der Berliner Zeitung, und für mich begann eine prägende Zeit. Ich wohnte zur Untermiete in einer unrenovierten Altbauwohnung. Im Viertel waren die Nächte dunkel, denn noch leuchtete keine Reklame den Osten aus. Die Gebrauchtwagenmärkte und Videotheken kamen später, auch die Versicherungsmakler und Shoppingmalls, die Restaurants und Kinos.

Ein paar Stunden nachdem ich eingecheckt habe, kommt mein Mann mit dem Hund zum Abendessen vorbei. Ich erwarte die beiden auf dem Bürgersteig vor dem Eingang und erkenne Mann und Hund schon von Weitem, sie sind jetzt noch zwanzig, dreißig Meter vom Hotel entfernt. Eng an der Leine geführt, trottet der Hund den Bürgersteig entlang, ein langhaariges vierbeiniges Wesen von der Größe eines Ponys im Gedränge hochsommerlich gekleideter Menschen, die zur nahen U-Bahn-Station hasten. Jemand rast auf einem Elektroroller dicht an ihm vorbei, eine Gruppe junger Mädchen macht Fotos. Ein Wilder in der Zivilisation, denke ich, ein Pelztier umgeben von nackter Haut, ein Fremder in dieser Welt.

Der Hund taumelt durch das Gewirr von Gerüchen, die er vom Stadtrand nicht kennt. Blumenkübel und Häuserwände, gesättigt von Substanzen seiner Artgenossen, erzählen ihm verwegene Geschichten. Dann erkennt er mich und stemmt sein Gewicht von fast fünfzig Kilo in die Leine. Ich laufe auf ihn zu, und er springt an mir hoch, sein Maul umfängt meinen Unterarm, ohne mit einem der scharfen Zähne meine Haut zu berühren, ich löse mich aus dieser Umarmung und gehe vor ihm in die Knie. Wie viel wärmer und vitaler er ist als in meiner Vorstellung am Schreibtisch, wie viel lustiger in der Realität.

Wir sind noch keinen Tag getrennt, aber er begrüßt mich so stürmisch, als hätten wir uns Wochen und Monate nicht gesehen. Seine Bindung an mich ist innig, denn auf der nächtlichen Fahrt vom Züchter nach Hause war etwas Wegweisendes geschehen.

DIE ABHOLUNG

Das Haus der Züchter liegt direkt an einem Feld, nichts deutet darauf hin, dass in dieser ruhigen Wohngegend im Landkreis Heilbronn ein Welpenrudel samt Angehöriger lebt. Doch als wir uns dem Eingang näherten, empfing uns lautes Gebell. Fünf riesige schwarze Tiere sprangen in der Garageneinfahrt an einem Gitter empor und kratzten mit ihren Krallen am Metall. Fünf Ungetüme mit spitzen Zähnen im offenen Maul.

Ob eine dieser Bestien unser Hund sei, fragte ich mich in meiner Aufregung. Einen Moment später, als man uns im Haus zum Welpenzimmer führte, begriff ich, wie abwegig dieser Gedanke war: Ein kleines wildes Haarbüschel auf vier erstaunlich großen Pfoten verschwand zitternd hinter einer Hütte, als ich mich näherte. Kulleräugig wie Lady Di schaute dieses verängstigte schwarz-weiße Wesen zu mir hoch. In diesem Moment löste sich etwas in mir. Das Unerwartete begann.

Zwei erwachsene Töchter aus der ersten Ehe meines Mannes waren mit uns zur Zuchtstätte gekommen, damals 25-jährige Zwillinge, eine von ihnen ist leidenschaftliche Reiterin. Ich stand noch unschlüssig in der Diele und überlegte, wie ich auf das Tier wohl am besten zugehen könnte, als die beiden längst schon, noch in ihren Winterjacken, im Welpenzimmer saßen. Ich schaute, sie handelten. Als ich über das Gitter im Türrahmen zu ihnen ins Zimmer stieg, hatten sie den Hund geschickt aus seinem Versteck hinter der Hütte gelockt.

Der Fußboden des komplett leer geräumten Zimmers – lediglich ein paar Bilder und ein kahler Setzkasten hingen noch an den Wänden – war mit Bettlaken und Handtüchern ausgeschlagen, darauf Näpfe mit Wasser und Trockenfutter sowie ein paar schwere Wackersteine, damit die Tücher nicht verrutschten. Der kleine Hund war aus dem Wurf übrig geblieben, der Letzte von insgesamt acht. Seine ernste Miene überraschte mich. Kaum größer als ein Stofftier, wirkte er seltsam weise und reif. Sein Körper war ständig in Bewegung, doch sein Gesichtsausdruck veränderte sich nicht.

Ich dachte darüber nach, was ihn so anziehend machte, die Mädchen herzten ihn unbefangen. Am Türrahmen lehnte der Züchter und kommentierte das Geschehen. Der »Bub«, wie er den Hund nannte, sei ein echter Schmusebär. »Der genießt es maßlos, gestreichelt zu werden.« Endlich griff ich nach dem Fellbündel und zog es auf meinen Schoß. Ich spürte seine Wärme und sein pochendes Herz, kraulte sein babyweiches Fell. Einen Moment lang hielt er still und kringelte sich ein, dann huschte er davon.

Eine ganze Weile saßen wir in unseren Jacken auf dem Boden und kraulten abwechselnd den Hund. Er ließ es sich gefallen und tapste zwischen uns hin und her, trank gelegentlich Wasser und pinkelte, leckte sich mit seiner großen rosafarbenen Zunge das Maul.

Dann erledigten mein Mann und ich nebenan im Wohnzimmer bei Kaffee und Kuchen den geschäftlichen Teil. Ein Ordner war für uns vorbereitet worden, darin ordentlich in Klarsichtfolien abgeheftet Kaufvertrag und Stammbaum, zudem eine Fülle von Informationen über die aus Sicht der Züchter bestmögliche Pflege des Tiers. Auch ein sogenannter Heimtierausweis wurde uns überreicht, ein kleines Heft im sympathisch leuchtenden Blau der Europaflagge, das ich künftig in der Schublade mit unseren Reisepässen aufbewahren würde.

Im Heimtierausweis werden alle Impfungen vermerkt, auch der 15-stellige Zahlencode eines Mikrochips ist dort eingetragen, der dem Welpen ein paar Wochen nach der Geburt vom Tierarzt im Nacken unter die Haut implantiert worden ist. Der Chip hat etwa die Größe eines Reiskorns und lässt sich mit einem Scanner lesen, sodass man Hund und Impfausweis fälschungssicher einander zuordnen kann. Die Identifikationsnummern sind eine Art Personalausweis für Tiere, früher hat man sie in die Ohren tätowiert. In Berlin und einigen anderen Bundesländern sind Mikrochips Pflicht. Zudem kann jeder Hundehalter die Identifikationsnummer freiwillig bei einer Datenbank namens Tasso einspeisen. Der Verein Tasso führt ein europaweites Tierregister, das es erleichtert, sein Haustier zu identifizieren, wenn es entlaufen oder gestohlen worden ist.

Im Wohnzimmer der Züchter erreichten mich all diese Informationen nicht, es war viel zu viel auf einmal und in Gedanken war ich bei dem kleinen, weichen Hund nebenan. Zudem lenkte mich eine Hündin aus dem Rudel ab, die vor dem Esstisch lag – ein elegantes, raumgreifendes Tier. Es war die Mutter unseres Welpen, sie heißt Coco Chanel. Ich dachte: So groß werden die?

Erst viel später habe ich mich mit Hundemarken und dergleichen beschäftigt, auch den Vertrag las ich mir erst zu Hause durch. Die Formulierung »die Käufer hatten vor der Übergabe Gelegenheit, den Hund eingehend in Augenschein zu nehmen und auf sichtbare Fehler zu überprüfen. Stellt der Käufer innerhalb einer Woche nach erfolgter Übergabe Krankheiten des Hundes fest, besteht die Möglichkeit des Rücktritts vom Vertrag« erinnerte mich an den Kauf eines gebrauchten Autos vor vielen Jahren.

Am späten Nachmittag verstauten wir einen 10-kg-Sack Trockenfutter im Kofferraum. Auch eine Dose Lippmuschelextrakt für die Knochen des knapp drei Monate alten Hundes gaben die beiden

Züchter uns mit. Ab jetzt waren wir auf uns selbst gestellt und trugen die Verantwortung für das Tier.

Draußen vor dem Haus nahm ich den Welpen zum ersten Mal auf den Arm. Ich hatte ihn mir schwerer vorgestellt und weniger anschmiegsam. Es schien ihm gut zu gefallen, hochgenommen und gedrückt zu werden, und mir gefiel es auch. Reihum überreichten wir uns den Hund und machten die ersten Fotos mit ihm, vibrierend vor Spannung und Glück.

Als wir uns von den Züchtern verabschiedeten, lief der Welpe mit seiner Mutter auf dem Bürgersteig am Feld entlang, er sprang an ihr hoch und umwarb sie stürmisch, doch sie wirkte so desinteressiert, als ob sie ahnte, was gleich geschehen würde. Die Züchterin gab uns ein Handtuch, mit dem sie das Fell der Mutterhündin abgerieben hatte, eine Geruchsbombe als Trost für den jäh entwöhnten Welpen. Noch trug er als Angehöriger des L-Wurfes, dem zwölften Wurf des Züchterpaares überhaupt, vorübergehend den Namen Laurin. Der Anfangsbuchstabe steht für die Anzahl der Würfe des Züchters und korrespondiert mit der Reihenfolge der Buchstaben im Alphabet. Wie wir ihn rufen würden, wollten wir später entscheiden, ein Laurin jedenfalls war dieses haarige kleine Wesen nicht. Der Züchterin kamen beim Abschied Tränen, Coco Chanel verfolgte unsere Abfahrt zum Glück scheinbar ungerührt.

Die Mädchen hatten den Hund ins Auto getragen und hielten ihn auf dem Weg zum Bahnhof, wo wir uns trennen wollten, abwechselnd auf dem Schoß. Obschon es mich reizte, ihnen den Hund, dieses bezaubernde kleine Wesen, abzunehmen, hielt ich mich zurück. Ich würde später drankommen, auf der langen Rückfahrt nach Berlin.

»Kommt doch mit zu uns«, schlug mein Mann spontan beim Abschied vor.

»Das möchte ich nicht«, entfuhr es mir zu meiner eigenen Überraschung. Instinktiv wusste ich, dass ich dem Hund auf der Rückfahrt so nahekommen würde wie nie mehr sonst. Im Auto würde uns niemand beobachten oder ablenken, der Hund könnte nicht ausweichen oder entfliehen, wir wären viele Stunden eng beieinander.

Die anderen schauten mich kurz irritiert an, sie hatten diese Reaktion nicht erwartet, aber sie begriffen sofort, worum es ging. Es war das erste Mal, dass ich die Zwillinge zurückwies. Und es ist bis heute das einzige geblieben. Normalerweise haben die Kinder Vorrang, sonst wächst eine Patchworkfamilie nicht zusammen. Die Mädchen hatten nicht nur Verständnis, sie freuten sich sogar über meine offenherzige Reaktion. Eine neue Nähe entstand, auch zwischen uns.

Auf der Fahrt hörten wir Radio, es lief irgendeine Sinfonie oder ein Klavierkonzert, und sprachen kaum. Schweigend rauschten wir in der Dunkelheit an schemenhafter Landschaft vorbei. Ich war müde von den Ereignissen des Tages, vor allem aber war ich erfüllt von dem Haufen neuen Lebens auf meinem Schoß.

Alle paar Stunden machten wir halt und boten dem Hund Wasser an, er trank aber nicht. Einmal setzte ich ihn auf einer Raststätte angeleint auf den Boden, und blitzschnell verschwand er unter dem Auto im Dunkel. Womöglich hatten ihm die Scheinwerfer eines Lastwagens Furcht eingejagt, oder irgendein jähes Geräusch. Wir erschraken und gingen auf dem Asphalt auf die Knie, versuchten den Hund mit beschwichtigenden Worten hervorzulocken, doch er verharrte, ohne einen Laut von sich zu geben, zusammengerollt wie eine geballte Faust. Seine geräuschlose Panik ging mir besonders unter die Haut – ohne ein Weinen oder Winseln schien er unendlich weit entfernt.

Ich kroch unter das Auto und zog behutsam an der Leine, zog den Hund an meinen Körper und schließlich heraus ans Licht. Er zitterte auch dann noch, als wir bereits wieder im Warmen saßen und ich ihn schützend in den Armen hielt. So erschreckend dieser Moment gewesen war (und so tragisch er hätte enden können, wäre der Hund uns zwischen den Autos entwischt) – er knüpfte zwischen uns beiden ein besonderes Band. Als wir fast sechs Stunden durch die Nacht gefahren waren, mein Mann am Steuer des Wagens und ich auf der Rückbank, eng aneinandergeschmiegt mit dem Tier, passierte das Unerwartete: Eben von seiner Mutter getrennt, erkor der verängstigte Welpe ausgerechnet mich, die große Theoretikerin, zu seiner Komplizin. Meine Nähe würde er in der kommenden Zeit mehr suchen als die der anderen, er hatte mich zur vorrangigen Bezugsperson bestimmt.

Kurz bevor wir in unsere Straße einbogen, kündigten wir uns den Kindern per Telefon an. Im Haus dürfe nur wenig Licht brennen, damit der kleine Hund sich nicht erschrecke, schärften wir ihnen ein. Mein Mann, er hat Hundeerfahrung aus Kindheit und Jugend, trug den Welpen zur Haustür, und als wir hineingingen, hockten die beiden Teenager im Dunkeln auf dem Boden, vor Aufregung ebenso bebend wie der Hund bei unserer Ankunft bei den Züchtern, es war ein feierlicher Moment. Dann setzten wir das Tier auf den Boden, und er schnüffelte die Ecken seines neuen Zuhauses gründlich ab.

In die ersten Wochen mit dem Welpen fielen die kältesten Tage des Jahres. Jeden Morgen klingelte um sechs der Wecker, und ich trug ihn in die Dunkelheit des Gartens hinunter, damit er pinkelte. Anfangs hatte er das oft schon im Haus erledigt, zu meiner großen Überraschung meist an derselben, mit einem Frotteehandtuch ausgelegten Stelle in der Diele, aber nach kurzer Zeit verinnerlichte er den Rhythmus und machte draußen. Im Garten ließ ich ihn nicht frei laufen, sondern führte ihn an der Leine – als könne er sich plötzlich wie ein Wellensittich in die Luft schwingen und über den Zaun davonfliegen. Ich reagierte auf das ungestüme, kleine, wilde Tier unsicher wie eine Mutter, die zum ersten Mal ihr Baby badet. Ich hatte kein Zutrauen, weder in den Hund noch in mich selbst.

Kurze Zeit blieb der Hund ohne Namen, denn alles, was wir uns vorher ausgedacht hatten – Wanja, Watson, Momper, Bo, Seppl, Vito, Tony, Pawel –, passte nicht zu ihm. Dann nannten wir ihn Teddy.

Teddy döste die meiste Zeit des Tages zusammengerollt wie eine Lakritzschnecke in einer Ecke. Gelegentlich schlüpfte er unter die Wintermäntel an der Garderobe wie unter ein schützendes Dach im Sturm. Auf seinem Kopf wuchs das Babyfell so senkrecht in die Luft, als stünden ihm buchstäblich die Haare zu Berge. Von seiner neuen Familie wurde er jeden Tag dutzendmal fotografiert.

Anfangs war die Stimmung fast heilig, wir kapselten uns ab von der restlichen Welt. In der Diele entstand ein Camp aus Kissen und Decken, oft lagerten wir alle gemeinsam auf dem Boden, im Zentrum immer der Hund. Zweimal am Tag bekam er je 225 Gramm Futter, so stand es im Ordner vom Züchter geschrieben, ich wog die Menge akribisch ab. Draußen war es kalt und die meiste Zeit dunkel, sogar die Krokusse kamen in diesem Jahr spät.

Am dritten Tag gingen mein Sohn und ich mit Teddy zu einem Tierfachgeschäft, um eine Bürste für sein Fell zu kaufen. Das Geschäft ist nicht weit von unserem Haus entfernt, aber man muss auf dem Weg eine vierspurige Straße überqueren. Drüben angekommen, begann der Hund plötzlich zu zittern und versuchte, seinen Kopf aus dem Halsband zu ziehen, um ein Haar hätte er es geschafft. »Mama!«, rief mein Sohn und umschlang den Hund mit seinen Armen, wir waren beide fassungslos. Bis zu diesem Moment hatte Teddy nur ein paar ruhige Wohnstraßen und die direkt ans Grundstück der Züchter grenzende freie Natur kennengelernt – von unserem Stopp auf der Raststätte einmal abgesehen. Übergangslos mit dem Verkehrslärm und den Autos auf der großen Berliner Straße konfrontiert worden zu sein, war für ihn ein Schock. Diese Sätze rückblickend zu schreiben, fällt schwer. Ich mag nicht glauben, wie unbedarft ich damals war, wie wenig einfühlsam mit dem Tier.

Auch beim Spazierengehen kamen wir schnell an unsere Grenzen. Höchstens zehn Minuten am Stück solle man in der anfänglichen Prägungszeit gehen, heißt es, verteilt auf sechs Gänge am Tag. In der Theorie hatte ich mir den Hund und mich beim Spazierengehen als harmonisches Paar vorgestellt, das im Gleichklang zügig vorankommt und weite Strecken zurücklegt. Doch die ersten Spaziergänge waren eine Enttäuschung. Alle paar Minuten blieb er stehen und versenkte seine Schnauze in Efeuranken oder steckte sie durch die Lücke eines Gartenzauns. Wir entfernten uns kaum vom Haus, denn er schnüffelte jeden Meter gründlich ab und ließ sich nicht führen. Er zog mich hinter sich her. Je weniger mein Hund auf mich hörte, desto hektischer redete ich auf ihn ein: Sitz! Platz! Bleib! Komm! Bei Fuß! Hierher! Wie bei einem Flipperautomaten prasselten alle möglichen akustischen Signale und taktilen Reize gleichzeitig auf ihn ein. Den Befehl »Sitz!« hatte er rasch gelernt. Auf alles Weitere reagierte er nicht.

Immerhin wusste ich, dass ich von Tieren nichts verstand und Unterstützung brauchte. Vom Ratgeberbuch angestiftet, hatte ich den ersten Hausbesuch einer Hundetrainerin schon vereinbart, als Teddy noch Laurin hieß und in der Wurfkiste lag. Wer nicht sofort mit der Erziehung seines Hundes beginne, stand im Ratgeber, bekäme ihn nie in den Griff. Die Uhr laufe von Anfang an: Spätestens nach sechzehn bis zwanzig Wochen gehe die erste Sozialisierungsphase des Hundes zu Ende und ein wichtiges »Lernfenster« schließe sich. In »So kam der Mensch auf den Hund«, dem Klassiker, den der berühmte Verhaltensforscher Konrad Lorenz 1965 veröffentlichte, las ich später zu meinem Erstaunen etwas ganz anderes: »Man beginnt allgemein, wenn der Hund wenigstens sieben bis elf Monate alt ist. Ein zu früher Beginn ist deshalb grausam, weil es von dem quecksilbrigen und verspielten Kinde viel verlangt ist, auf Befehl still zu liegen.« Ich wusste nicht, wem ich mehr vertrauen konnte: dem Zeitgeist oder der Wissenschaft? Unbewusst fühlte ich mich Lorenz verbunden, aber der Verstand setzte mich unter Druck. Diese Zerrissenheit zwischen Ratgeberwissen und Bauchgefühl, auch zwischen den Empfehlungen anderer Mütter und dem eigenen Instinkt, hat mich schon in den Babyjahren meiner Kinder strapaziert.

Eine knappe Woche nach Teddys Einzug schälte sich die Hundetrainerin aus mehreren Lagen Outdoorkleidung. Sie war mit dem Motorrad gekommen und stürmte, den Hund ignorierend, durch die Diele ins Esszimmer. Am Tisch wurde zunächst das Vertragsformular über ein sogenanntes »Welpenpaket« ausgefüllt, dann fragte sie unvermittelt, auf welche Art Hund wir hinauswollten: Wachhund oder Familienhund? Ich wollte in diesem Moment vor allem einen stubenreinen Hund, und von der Trainerin erwartete ich eine Anleitung, wie ich mit Teddy kommunizieren konnte.

Strebten wir einen Familienhund an, dann müsse Teddy Zugang zu allen Räumen bekommen, sagte sie. Bliebe er, wie jetzt, auf Diele, Esszimmer und Küche beschränkt, würde er jedes Mal bellen, wenn in Zukunft jemand zu Besuch käme. Die Vorstellung, den noch nicht stubenreinen Hund im gesamten Haus herumlaufen zu lassen, hob meine Laune nicht. Wir hatten vor der Treppe eine Barrikade aus Stühlen gebaut, damit er nicht hoch in die Schlafzimmer kam, hielten die Türen zu den Wohnzimmern geschlossen. Nichts war für die Ewigkeit gedacht (und, kleiner Vorgriff auf die Gegenwart, inzwischen sitzt der ausgewachsene Hund mit uns auf Stühlen und Sofas, liegt, wenn musiziert wird, unter dem Flügel oder streckt sich, wenn wir Filme schauen, vorm Fernseher aus). Doch die Worte der Trainerin erweckten den Eindruck, man könne seinen Hund nach Lust und Laune formen. Ich hielt ihn dagegen für ein Wesen mit spezifischem Charakter, den es zu entfalten galt. Ihn zeitweise einschränken zu müssen, gehörte, fand ich, dazu und das schablonenhafte Herangehen der Trainerin befremdete mich.

Am Esszimmertisch gab es keine konkreten Tipps für den Umgang mit dem Welpen. Stattdessen öffnete die Trainerin einen Ordner mit laminierten Diagrammen und sprach allgemein darüber, dass der Hund eine Art innere Strichliste führen würde, was sich für ihn lohnt und was nicht. Meine Aufgabe in der nächsten Zeit bestünde darin, ihm zu vermitteln, dass Futter und ein Dach über dem Kopf untrennbar mit meiner Person verbunden seien. Er würde versuchen, mir die Kontrolle über diese Bereiche streitig zu machen. Es klang nach einem harten Machtkampf.

Zum Ende dieser ersten Stunde gingen wir gemeinsam raus in den Garten. Die Kinder und ich bildeten in unseren Daunenjacken nebeneinander eine Reihe, die Trainerin stellte sich zehn Meter entfernt mit Teddy auf. Zuvor hatte sie mir eine glitschige Tube Hundeleberwurst gegeben, die steckte ich dem Hund als Belohnung ins Maul, sobald wir »Hier« gerufen hatten und er angelaufen kam. So übten wir zum ersten Mal den Rückruf; er ist in der Erziehung eines jeden Hundes die Königsdisziplin.

Nach dem Treffen war ich unruhiger als zuvor. Offenbar ist Hundeerziehung furchtbar kompliziert, und in mir entstand die Ahnung einer nervenraubenden Achterbahnfahrt, auf die ich mich begab. Mein Bedürfnis, das Tier zu steuern, war enorm. Als ließe sich meine Unsicherheit durch Kontrollwahn ausgleichen.

Als ich nach meiner ersten Nacht im Hotel das Viertel erkunde, zieht mich meine alte Wohngegend magisch an. Ich finde das Haus, in dem ich damals lebte, auf Anhieb wieder, es sieht aus wie früher, nur die Graffitis auf der Hauswand sind neu. Ich schaue hinauf zum vierten Stock und denke an die vielen Wochenenden, die ich da oben schreibend verbracht habe, entweder war ich unter der Woche nicht fertig geworden oder mit einem Text lief es nicht gut. Ich war Berufsanfängerin und lebte allein, hatte Ehrgeiz und kreiste nur um mich selbst. Für meine Reportagen fuhr ich in ostdeutsche Städte, von denen ich zuvor noch nie gehört hatte, und durch Landschaften, die mir fremd waren. Man strandete an seltsamen Orten, denn Hotels waren rar.

Damals trieb mich kein Idealismus, meine Generation kämpfte nicht für die Rettung des Planeten oder für Gendergerechtigkeit, wir aßen ohne Gewissensbisse Bratwurst und Weißbrot, übernahmen Verantwortung ausschließlich für das eigene Leben. Gut, ich wollte irgendwann Familie und Kinder haben, aber viel später und bloß nicht jetzt. An einen Hund habe ich damals nicht im Traum gedacht, nichts lag mir ferner als das.

Ich trug weiterhin gestreifte Blusen, aber den Siegelring mit dem Familienwappen, den ich seit meiner Konfirmation getragen hatte, legte ich ab. Ich war neugierig auf den mir fremden Teil Deutschlands und tauschte mit den Kollegen bei der Berliner Zeitung Geschichten aus. Mit einem bin ich bis heute befreundet, er ist zehn

Jahre älter und in seinem Herzen noch immer Kommunist. Damals, Anfang der Neunzigerjahre, verlegten wir Arbeitstreffen der Reporter auf seine Datsche, und als in meiner Wohnung Möbel gerückt werden mussten, kam er bereitwillig vorbei. Mir gefiel das Ungezierte des Kollegen aus dem Osten, ich mochte seine kameradschaftliche direkte Art.

Einmal ärgerte er sich darüber, dass ich eins der offiziellen Honecker-Portraits, die es jetzt auf Flohmärkten zu kaufen gab, in meiner Küche aufgehängt hatte, weil ich es irgendwie ironisch fand. Ein anderes Mal gingen wir zusammen in ein Westberliner Restaurant, und er bestellte vor dem Essen einen Grappa, statt, wie ich es gewohnt war, als Digestiv danach. Als ich ihn darauf hinwies, spottete er über meine Förmlichkeit, und ich fühlte mich ertappt, erst im Austausch mit ihm, dem Ostberliner Kollegen, wurde mir meine konservative Erziehung gründlich bewusst. Aus seiner Perspektive war mein Umzug in den Osten ein Experiment. Welche Seite würde sich am Ende durchsetzen: meine traditionsbewusste Herkunft oder das Anarchistische der Gesellschaft im Umbruch? Auf meinem fünfzigsten Geburtstag vor ein paar Jahren hat er ein Arbeiterlied für mich gesungen, auf Russisch – der einzige Mann aus dem Osten inmitten einer Festgesellschaft im bürgerlichen Westen. Obschon ich letztlich wieder da gelandet bin, wo ich herkam, hat unsere Freundschaft Bestand.

Gut dreißig Jahre später und zurück im Hotel, sitze ich im Innenhof und bestelle einen Kaffee. Regen pladdert auf den Sonnenschirm über meinem Tisch, auf dem Boden bilden die Tropfen Luftblasen im Wasser und surfen Richtung Abfluss, manche platzen in Sekunden, andere schaffen es bis zum Gitter. Ich will ein Foto machen und per WhatsApp verschicken, aber dann fällt mir ein, dass ich mit einem alten Tastenhandy der Kinder ins Hotel gezogen bin. Die einwöchige Medienaskese ist eine bewusste Entscheidung, ich will mich schützen gegen Ablenkung digitaler Art.

Mit Smartphone wäre ich längst auf Instagram oder einer Nachrichtenseite, so aber sitze ich am Tisch und habe nichts zu tun. Ich denke an meinen Hund, der jetzt vermutlich schläft oder auf einem Stück Rinderkopfhaut herumkaut, das er tanzend umkreist, bevor er es zwischen die Zähne nimmt. Vielleicht hat er sich auch vor die Fenstertür in der Küche gelegt, seinen Körper wie ein Zugluftstopper horizontal in den Türrahmen gepresst. Ich habe Dutzende unterschiedlicher Posen von Teddy als Bilder im Kopf.

Zehn Tage nachdem Teddy bei uns eingezogen war, begann für ihn die Welpenschule. Inzwischen war jene erwachsene Tochter zu Besuch gekommen, die leidenschaftlich reitet und viel Erfahrung mit Tieren hat. Der kleine Hund zog sie magisch an. Gemeinsam suchten wir das abgelegene Übungsgelände – ein abgezäuntes Stück Brachland, auf dem ein paar Klettergerüste aufgebaut waren – im Wald. Am Rande einer S-Bahntrasse gelegen, war es nicht mit dem Auto zu erreichen, und weil Teddy nur kleine Strecken laufen konnte, trugen wir ihn abwechselnd einen guten Kilometer auf dem Arm. Ich war schon erschöpft, bevor es überhaupt losging.

Dieselbe Trainerin, bei der ich kurz zuvor das »Welpenpaket« abgeschlossen hatte, leitete die Gruppe. Ein gutes Dutzend Hunde war an diesem Sonntagvormittag zum Training versammelt, die meisten waren Schoßhunde. Die dazugehörigen Menschen waren zwischen zwanzig und sechzig Jahre alt, manche trugen Designertaschen, andere rustikales Schuhwerk, viele kamen zu zweit. Während auf den Gleisen neben uns alle zwanzig Minuten eine Bahn vorbeirauschte, lernten wir, die Hunde seitlich neben uns »einzuparken«, indem wir ihnen einen Hundekeks wie einen Magneten vor die Nase hielten und sie daran in die gewünschte Position zogen. Oder wir schoben dem Hund in dem Moment einen Keks ins Maul, wenn er uns in die Augen schaute. Hundeerziehung, das wurde schnell klar, läuft über die Konditionierung durch Futter. Der Hund speichert ab, dass er belohnt wird, wenn er tut, was man von ihm verlangt, und führt Befehle, das ist das Ziel, irgendwann reflexhaft auch ohne Anreiz aus.

Die Übungsblöcke wurden durch Phasen freien Spiels unterbrochen. Ähnlich wie in Krabbelgruppen und Kindergärten geht es auch in der Welpenschule darum, voneinander zu lernen. In den Pausen stürzten sich die Welpen kläffend aufeinander, verhakten sich ineinander, rollten zusammen auf der Erde. Es wurde geknurrt und gefiept. Zum ersten Mal sah ich junge Hunde miteinander spielen und die scheinbar raue Art der Tiere untereinander alarmierte mich. Instinktiv wollte ich meinen süßen, unerfahrenen Hund vor diesem wilden Knäuel beschützen, aber die Trainerin hielt mich zurück. »Die Hunde machen das untereinander aus«, sagte sie. Der Satz hat sich eingebrannt in meinem Hirn. Er leuchtet auch heute noch in roten Versalien vor meinem inneren Auge auf, wenn Teddy beim Spielen im Park auf einen anderen Hund zustürzt. Oder umgekehrt. Nur bei frostigen Begegnungen mit einem anderen Rüden nehme ich ihn vorausschauend an die Leine.

Damals kostete es mich Überwindung, nicht einzugreifen, weil ich es gewohnt war, Situationen zu steuern. Spontaneität war nie meine Stärke gewesen, so etwas wie eine Überraschungsparty wäre ein Gräuel für mich. Ich vereinbarte Termine lange im Voraus und änderte ungern einen Plan. All die Jahre habe ich mich, egal zu welchem Anlass, umfassend vorbereitet. Ich überließ kaum etwas dem Zufall – und plötzlich zwang mich der Hund, die Dinge mal laufen zu lassen. Zu schauen, wie sich etwas entwickelt. Die Welpenschule bekam mir gut.

Zum Abschluss der Stunde sollte Teddy durch ein kleines Tor laufen, um das ein Flatterband gewickelt worden war. Wir lockten ihn mit ermutigenden Worten und Leckerbissen, die Trainerin hielt ihm sogar eine kleine Frikadelle vor die Nase, doch nichts konnte den Hund dazu bewegen, durchs Tor zu gehen. Das Flatterband machte ihm Angst.

Kaum waren wir wieder zu Hause, streckte sich Teddy – abgrundtief erschöpft wie meine Kinder damals nach dem Babyschwimmen – auf der Hundedecke aus und schlief ein.

In diesen ersten Wochen und Monaten gehen Hunde durch so viele Entwicklungsphasen wie ein Menschenkind in mehreren Jahren. Ein Wachstumsblitz. Um mit ihm Schritt zu halten, probierte ich weitere Hundeschulen aus. Eine davon war nicht kommerziell, sondern als gemeinnütziger Hundesportverein organisiert. Mit zehn Euro pro Stunde kostete das Vereinstraining nur halb so viel wie anderswo. Bei der Anmeldung musste ich zum ersten (und bis heute einzigen) Mal den Impfpass des Hundes und einen Nachweis der Haftpflichtversicherung zeigen. Die Gruppe traf sich auf dem gepflegten Sportrasen des Vereins, wo die Welpen etwa in Schubkarren herumgefahren wurden oder auf einer großen Kugel balancieren lernten. Bei einer Übung, die mir besonders gut gefiel, versteckte ich mich hinter einem Holzverschlag und rief laut nach dem Hund. Wie beim Blindekuh-Spiel lief er dem Gehör nach zunächst in meine Richtung und, anfangs mit etwas Hilfe, schließlich um den Verschlag herum zu mir. Große gegenseitige Wiedersehensfreude. Auch als ein Dackel namens Wilma gerufen wurde, fühlte Teddy sich angesprochen und sprang eilfertig herbei.

Die Trainerinnen – es waren tatsächlich ausnahmslos Frauen – arbeiteten ehrenamtlich und verströmten eine angenehm bodenständige Aura. Ihre Ratschläge waren praxisgesättigt und sie hatten Ideale. »Wir vertreten eine gewaltfreie Erziehung. Gewalt beginnt aus unserer Sicht schon damit, das Hinterteil eines Hundes zu Boden zu drücken, damit er Sitz macht«, hieß es beim ersten Treffen. Ein anderes Mal schaute mir eine junge Frau mit Wollmütze mitleidig dabei zu, wie ich meinen widerspenstigen Hund verbissen davon abhalten wollte, mich zu einem Riesenschnauzer auf die andere Seite des Platzes zu ziehen. »Dein Hund ist noch ein Baby«, rief sie mir zu. »Mach dich locker.«

Wo auch immer wir trainierten, überall baumelte an meinem Hosengürtel eine neongrüne kleine Tasche voller Leckerbissen für den Hund. (Ein Accessoire, das zu tragen ich ohne Hund niemals in Erwägung gezogen hätte. Aber man denkt praktisch mit Tier.) Anfangs fand ich es entwürdigend für Teddy, ihm jedes Mal eine Belohnung ins Maul zu stopfen, sobald er einen Befehl ausführte. Ich hielt es für eine Geringschätzung seiner Intelligenz und meiner Willensstärke, ja sogar für eine Entzauberung seines Wesens: Wie könnte ich jemanden respektieren, der sich so manipulieren lässt? Erst mit der Zeit erkannte ich die Kraftanstrengung, die es für ein Tier bedeutet, sich zähmen zu lassen und wider die eigene Natur zu handeln. Eigentlich kann man einen Hund gar nicht genug dafür belohnen, dass er einem folgt. Zudem dient die Bestechung der Vertrauensbildung. Es ist eine Phase, die – zumindest in der exzessiven Form – vorübergeht.

Nach einer Weile begriff ich, dass es bei den Übungen darum ging, die Aufmerksamkeit des Hundes zu gewinnen und zu halten. Sobald Teddy sich ablenken ließ, war ich machtlos. Zudem lernte ich, die Welt aus seiner Perspektive zu sehen und somit vorab zu erahnen, wie er reagieren würde. Wenn man seinem Hund gedanklich immer einen Schritt voraus ist, lässt er sich tadellos führen. Kraft oder einzelne Befehle wie »Männchen« oder »Pfötchen« spielen in der Hundeerziehung keine Rolle, denn das wäre Dressur. Entscheidend ist, miteinander in einen Dialog zu kommen.

Einmal wurde Teddy von einem Co-Trainer aus der Waldgruppe herausgepickt, um allein durch seine Gegenwart einen anderen aufgeregten Hund zu beruhigen. »Dein Hund ist so was von gechillt im Kopf«, sagte der Mann anerkennend, und in diesem Moment durchfluteten mich Freude und Stolz.

Teddy war stubenrein und ließ sich an der Leine führen, als ich ihn zum ersten Mal ins Büro mitnahm. Auch meine Zwillinge hatte ich, sobald sie gut in der Babyschale sitzen und im Auto transportiert werden konnten, in der Redaktion auf den Konferenztisch gestellt und dort, wo wir normalerweise über Themen und Textformen diskutierten, dem Team präsentiert. Mein Berufs- und Privatleben hatten sich in diesem Moment auf so selbstverständliche Art berührt, wie es nur selten gelingt.

Beim nun eingeschulten Hund ging es mir beim Bürobesuch zusätzlich darum, ihn an Bahn- und Aufzugfahrten zu gewöhnen, auch an fremde Geräusche und Gerüche. Mit knapp fünf Monaten war sein Welpenhirn noch darauf eingestellt, neue Eindrücke zu verarbeiten und zu speichern. Spätestens mit einem halben Jahr lässt diese Lernkurve schlagartig nach. Was ein Hund in dieser Prägephase nicht kennengelernt hat, bringt ihn später leicht aus der Fassung.

Die Manteltaschen mit Hundekeksen zur Bestechung vollgestopft und einen Wassernapf im Rucksack verstaut, stiegen wir in die S-Bahn Richtung Innenstadt. Im Waggon streckte Teddy sich, nachdem er Sitze und Fußboden gründlich abgeschnüffelt hatte, mitten im Gang aus und schloss die Augen. Wer sich setzen wollte, musste über das Tier steigen, aber das schien niemanden zu stören, denn Beschwerden kamen nicht. Alle Blicke im Wagen wanderten früher oder später zum Hund, viele begannen zu lächeln, als sie ihn sahen. Ein paar Schulkinder fragten, ob sie Teddy streicheln dürften und knieten sich neben ihn auf den Boden. Eine Frau erzählte von ihrem eigenen Hund. Normalerweise verbrachte ich die knapp halbstündige Fahrt in die Stadt lesend, jetzt schien es, als sei ich mit dem kompletten Waggon im Gespräch.

Am Bahnhof Friedrichstraße angekommen, kam Teddy mit seinen Tatzen auf dem glatten Steinboden ins Rutschen. Auf der Treppe nach oben bahnten wir uns im Zickzack den Weg durch einen Haufen Menschen, die es alle sehr eilig hatten, nach unten zu gelangen. Als Teddy dann noch mit dem Kopf gegen einen Hausvorsprung stieß, den er übersah, weil seine Nase auf die spannenden Duftmarken direkt auf dem Asphalt gerichtet war, zweifelte ich am Sinn der ganzen Aktion. Die Dichte der Autos, das Rumpeln der Straßenbahn, der Duft vom Bratwurststand an der Ecke – all die neuen Oberflächen, Farben und Formen, Gerüche und Geräusche geballt auf einen Schlag zu erleben, brachte den Hund an seine Grenzen und mich damit auch. Aber es war mir wichtig, ihn auch an diese Seite meines Lebens zu gewöhnen. Nun kannte ich die Antwort auf die Frage der Welpentrainerin: Ich strebte einen Familienhund mit Metropolenkompetenz an.

Ein kurzes Bocken vor der gläsernen Drehtür des Redaktions-gebäudes, dann nahmen wir den Aufzug in den siebten Stock. Ein Kollege, der gerade den Gang herunterlief, filmte Teddy mit dem Handy und stellte ihn auf Instagram als »Redaktionshund« vor. Ein anderer wollte wissen, ob der Hund beißen würde. Und als ich vergeblich versuchte, Teddy auf dem Korridor einzufangen, emp-fahl mir jemand, der selbst weder Kinder noch Haustiere hat, doch mal einen Trainer zu engagieren. Manche reagierten reserviert auf das Tier, andere liebkosten es ungezwungen. Bei einigen überrasch-te mich das Verhalten, bei anderen nicht. Spätestens jetzt begriff ich, warum Hunde in Managerseminaren eingesetzt werden: Sie bringen Seiten von Menschen zum Vorschein, die vorher verbor-gen waren. »Den kannste öfter mitbringen. Der tut uns gut«, rief mir jemand zum Abschied nach. Selten habe ich mich an meinem Arbeitsplatz so wohl- und zugehörig gefühlt wie an diesem Tag.

Es ist Sonntagmittag und durchs offene Fenster höre ich in meinem Hotelzimmer Gelächter und Geschirrklappern aus dem Innenhof. Ich schließe meinen Laptop und gehe in meinem alten Kiez spazieren. Unweit vom Hotel stoße ich auf ein Urban Gardening Projekt. Eingeklemmt zwischen Plattenbauten und Bahngleisen stehen eine Reihe selbst gezimmerter Hochbeete, darin wachsen Tomaten, Rucola, Karotten und Kohlrabi. Eine Handvoll junger Leute, schätzungsweise zwischen zwanzig und dreißig Jahre alt, schleppt Gießkannen voller Wasser herbei und zupft Unkraut. Ein paar Schilder mit Sätzen wie »Klauen ist doof« oder »Keine Selbstbedienung« sind aufgestellt. Wer die Ernte in diesem idealistischen Projekt einfährt, ist ungewiss.

Ich bekomme Hunger und laufe ziellos an französischen, vietnamesischen und kubanischen Restaurants vorbei, an altdeutschen Bierkneipen und neudeutschen Saftbars. Unterwegs frage ich in etlichen »Spätis« nach der Berliner Zeitung, dem Blatt, bei dem ich meine Arbeit als Journalistin begann, aber alle winken ab. Traditionelle Kioske gibt es hier nicht mehr, schließlich finde ich die Zeitung in einem Supermarkt. Auf dem Boxhagener Platz, wo ich früher gewohnt habe, ist an diesem Tag Markt. Ein Stand bietet französische Crêpes an, ein anderer selbst gemachtes Tahin. Zweimal laufe ich um den Platz, um ein Restaurant zum Mittagessen auszusuchen. Ich ziehe suchend Kreise, bevor ich entscheide, an welcher Stelle ich mich niederlassen will.

Als ich Anfang 1991 hierherzog, gab es keine einzige Kneipe. Nur einen Bäcker, der Knüppel verkaufte, eine süßlich schmeckende Brötchensorte, die es im Westen nicht gab. Auch Lebensmittelmärkte waren in meinem Viertel anfangs kaum zu finden, was mich nicht störte, denn ich kochte ohnehin nicht – ich hatte es nicht gelernt. Warme Mahlzeiten aß ich mit den Kollegen in der Kantine oder mit Freunden im Restaurant. Ich lebte mit siebenundzwanzig allein und hatte niemanden zu versorgen. Ich verwechselte Freiheit mit Unverbindlichkeit, und frei wollte ich sein.

Am Boxhagener Platz entscheide ich mich schließlich für ein Café, das ein paar Tische in der Sonne aufgestellt hat. Die Eggs Benedict, die ich bestelle, lassen lange auf sich warten und auf Nachfrage sagt die Kellnerin, sie habe auch nur zwei Hände, und schaut mich herausfordernd an. Als ich noch hier wohnte, habe ich über den Boxhagener Platz eine Reportage geschrieben. Einer der Protagonisten war ein einundfünfzigjähriger arbeitsloser Lektor, der sich als Zeitungsausträger über Wasser hielt. Ein anderer holte sich bei Abrissfirmen Dielen, zersägte sie zu Scheiten und verkaufte sie als Feuerholz. Heute sitzen junge Leute mit Kopfhörern in den Cafés am Platz, vor sich ein aufgeklapptes Notebook, und ich frage mich, was aus den beiden Männern von damals geworden ist.

In meiner Anfangszeit als Reporterin wollte ich lieber mutig als häuslich sein, jedenfalls redete ich mir das ein. In den zwei Zimmern meiner Wohnung standen Möbel, die mir meine Mutter nach der Hausauflösung von Freunden in einer Beiladung aus Süddeutschland hatte schicken lassen. Auch die Wandfarbe in der Diele, ein tiefes Ochsenblutrot, wählte ich auf ihre Anregung, denn in Gestaltungsfragen kennt sie sich bestens aus. Ich wollte es schön haben, mich aber nicht selbst darum kümmern, denn die Rolle der Hausfrau – die Rolle meiner Mutter – war mir suspekt. So wie ihre Generation wollte ich nicht leben und lehnte deshalb vieles, was ihr wichtig war, so kategorisch ab, dass auch einiges auf der Strecke blieb, was ich gut hätte gebrauchen können. Ich idealisierte Unabhängigkeit und Coolness, wenngleich beides nicht meinem Wesen entsprach. Aus Protest gegen die Lebensweise meiner Mutter erkannte ich den Wert von Fürsorge nicht, und das prägte auch meine Haltung zu Haustieren. Ein Hund stand für Müßiggang und Luxus und wäre meiner Zuwendung nicht wert. Eine Frau, die Zeit hat, sich um einen Hund zu kümmern, vermutete ich viele Jahre, setzte falsche Prioritäten, eine Frau in meinem Alter sollte vor allem für ihren Beruf und ihr Fortkommen brennen.

»Love nature, hate fascism« steht auf einem Plakat, an dem ich auf dem Weg zurück zum Hotel vorbeikomme. Ein paar hundert Meter davon entfernt lese ich »Grenzen töten« auf einer Hauswand und sehne mich einen Moment lang nach dem Alter, in dem man glaubt, die komplizierte Welt mit Parolen verbessern zu können.

Je größer Teddy wurde, desto deutlicher zeigte er seine Zuneigung. Jeden Morgen erwartete er mich hellwach unten am Treppenabsatz, und sobald ich ihn erreicht hatte, sprang er begeistert an mir hoch. Als er mit knapp fünf Monaten die Milchzähne verlor und seine bleibenden Zähne bekam, begann er an meinen Unterarmen zu knabbern. Die blutigen Spuren, die er hinterließ, nahm ich erstaunlich locker hin. Zumal sie bei meinen Kindern mehr Respekt auslösten als alles andere, was ich sonst so machte: Keines meiner Bücher, kein gutes Essen, keinen gelungenen Witz oder kühnen Gedanken haben sie mit einer vergleichbaren Bewunderung quittiert wie die stürmische Leidenschaft des Hundes für mich. Unbewusst buhlten wir um seine Liebe, und dass er mir den Vorzug gab, wirkte sich auf meine Stellung in der Familie aus: Der Hund wertete mich auf.

Allmählich wurde er zu schwer zum Herumtragen. Eine Rampe wurde gekauft, auf der er in den Kofferraum des Autos hinein- und hinauslaufen konnte. Wie in bestimmten Entwicklungsphasen meiner Kinder – etwa als sie aus dem Kinderwagen herauswuchsen, in dem ich sie so oft herumgeschoben hatte, oder als die Grundschulzeit endete – spürte ich Wehmut. Nie wieder würde ich den Hund in der Morgendämmerung die Treppen heruntertragen oder ins Auto heben. Aus dem drolligen Tierchen war ein fordernder kleiner Hund geworden, der alles anknabberte, was er zwischen die

Zähne bekam: Turnschuhe, Fußleisten, Teppichkanten, Schachfiguren, Brillen. Ein impulsives Wesen, das seine Krallen wetzte, indem es Löcher in die Wände schlug. Mich erstaunte der Gleichmut, mit dem ich die Spuren der Zerstörung hinnahm. Früher hätte ich alles sofort ausgebessert, jetzt deckte ich beiläufig mit Wolldecken Spuren auf Möbeln ab, die von den scharfen Klauen meines Hundes stammten. Die neue Nachlässigkeit entspannte mich.

Und weil es in diesem Buch nicht ohne Selbstentblößung geht, weil ich, um zu zeigen, wie mich der Hund verändert hat, mit Diskretion die Hosen runterlassen muss, möchte ich kurz erzählen, wie ausgeprägt mein Ordnungssinn tatsächlich war (und zum Teil noch ist). Ich bin, und das ist noch harmlos, einer von den Menschen, die in gebügelter Bettwäsche schlafen und Dokumente in Leitz-Ordner heften. Die Papiere auf meinem Schreibtisch sind auf Kante gestapelt. Gegenstände, die nicht benutzt werden oder keine Funktion haben, sortiere ich gnadenlos aus. Herumliegende Kabel werden von mir zusammengewickelt oder hinter Schränke gestopft, kabellose Technik halte ich für eine der wirklich großen Errungenschaften unserer Zeit. Preisschilder auf neu gekauften Gegenständen wie Kerzen oder Ikea-Boxen kratze ich noch an der Kasse mit den Fingernägeln herunter. Wie David Beckham – er hat sich mal in einem Interview als zwanghaft ordentlich geoutet – lasse ich, wenn ich ein Hotelzimmer beziehe, alle ausgelegten Broschüren und Infozettel in Schubladen verschwinden.

Meine Schränke sind aufgeräumt, weil ich Unordnung selbst hinter verschlossenen Türen nicht ertrage. Einen Schuhkarton, den eines der Kinder unters Sofa geschoben hat, statt ihn wegzuräumen, spüre ich sofort auf, ohne ihn tatsächlich zu sehen. Ich kann Nachlässigkeit fühlen, sie geht mir nah. So nah, dass während der Bescherung zu Weihnachten regelmäßig Pausen eingelegt werden, um das gebrauchte Einwickelpapier zur Seite zu räumen und meinem Verlangen nach Übersichtlichkeit auf diese Art entgegenzukommen.

Mit kleinen Kindern konnte ich mich mit diesen Zwängen und Ticks im Alltag einigermaßen arrangieren, wenngleich mit großer Anstrengung (und dem nachträglichen Gefühl, dass ich mir die Babyjahre hätte leichter machen können). Kinder zieht man im Wissen groß, dass die Anstrengung vorübergeht und sich der eingeschränkte Lebensstil irgendwann lockert. Ziel ist es, sich irgendwann überflüssig zu machen und sie in die Unabhängigkeit zu entlassen, der Weg dorthin vollzieht sich in Etappen. Erst brauchen sie keine Windeln mehr, dann lernen sie laufen und irgendwann übernehmen sie Verantwortung für sich selbst. Den Hund dagegen erzieht man zur Abhängigkeit und hält ihn tunlichst davon ab, eigenständig zu handeln. Bei ihm weiß man, alle Einschränkungen sind von Dauer. Sich dagegen aufzulehnen, zahlt sich nicht aus. Die Mühe ist vergeblich.

Mit dem Hund im Haus schliff sich mein Ordnungssinn ab. Mit ihm habe ich nachzugeben gelernt – etwa, wenn sich in der Küche rund um seinen Wassernapf Pfützen bilden, nachdem er getrunken hat. Oder wenn wieder mal ein Schuh herumliegt, dessen Riemen er zerbissen hat (Birkenstocksandalen sind seine Leidenschaft, egal in welcher Farbe und Form). Dreck und Zerstörung durch den Hund lassen mich erstaunlich kalt. Als er sich einmal mit der Pfote in einem Kabel verheddert und eine Lampe zu Bruch ging, die ich sehr mochte und die nicht zu ersetzen war, war ich erleichtert, dass der Hund sich nicht verletzt hatte und habe die Scherben aufgeklaubt. Mehr nicht.

Ich wäre wohl eine gelassenere Mutter geworden, hätte ich bereits Hundeerfahrung gehabt, bevor ich schwanger wurde. Einmal, es ist lange her, fiel einem der Kinder ein Brot mit Schinken und Mayonnaise auf mein Lieblingssofa, die bestrichene Seite nach unten. Ich war überreizt und müde, das Sofa das einzige noch nicht mit Filzstiften bemalte repräsentative Möbelstück im Haus – und aus Enttäuschung sank ich heulend auf den Boden wie eine trauernde Witwe vor das Grab. Mein damals achtjähriger Sohn malte ein Bild von der Szene und schrieb darunter: Sie liebt das Sofa mehr als uns.

Damals stemmte ich mich mit aller Macht dagegen, die Kontrolle über mein gepflegtes Leben zu verlieren. Seit der Hund im Haus ist, lasse ich los. Seiner animalischen Urgewalt unterwerfe ich mich bereitwillig.

Ich sitze auf dem Hotelbett und blättere in einem kleinen Foto-
album von Teddy. Meine Tochter hat es mir zum Geburtstag – dem
Tag, bevor ich in die innerstädtische Schreibklausur gezogen bin –
geschenkt. Auf den ersten Seiten ist Teddy noch klein und unpro-
portioniert, seine Läufe und die Rute wirken unverhältnismäßig
lang im Verhältnis zu Rumpf und Kopf. Auf den hinteren Seiten
sieht man ihn, jetzt ausgewachsen, in typischen Posen: den Kopf
unter sein Hundebett geschoben oder ausgestreckt auf dem Rücken
liegend in der Erwartung, dass ihn jemand am Bauch krault. »Der
Beginn eines spaßigen, abwechslungsreichen und noch schöneren
Lebens« hat meine Tochter unter das allererste Bild geschrieben.
Es stimmt, denke ich, als ich auf der letzten Seite des Albums angekommen bin. Durch den Hund ist unsere Familie komplett geworden.

Ich klappe das Album zu und gehe runter in die Lobby, um einen Espresso zu trinken. Einzelne Bücherregale teilen den großen
Raum des ehemaligen Industriegebäudes in kleinere Zonen, darin sind jede Menge Sofas aufgestellt. Zeitschriften liegen herum
und die Angestellten unterscheiden sich äußerlich nicht von den
Gästen, man fühlt sich wie im Wohnzimmer von Bekannten. Fast
alle hier unten auf den Sofas schauen auf den Bildschirm ihres Han-
dys. Wie tiefgreifend sich die Welt seit meinen Anfängen als Reporterin technologisch verändert hat, denke ich. Damals waren Mo-
biltelefone riesige schwarze Geräte, die man bleischwer in einer

Umhängetasche mit sich herumschleppte. Im Osten konnte man sie ohnehin kaum benutzen, weil es dort kein funktionierendes Telefonnetz gab. Neben vielen Wohnungstüren hingen Notizblöcke und ein Bleistift, um Nachrichten hinterlassen zu können, wenn man jemanden nicht persönlich antraf. Manchmal fuhr ich aus Friedrichshain in den Westteil der Stadt, um zu telefonieren. Am Reichstag stand eine Telefonzelle, in der ich, die Hosentaschen voller Münzen, Gespräche mit meinen Eltern führte. Gelegentlich eskalierte eines dieser Telefonate zum hitzigen Wortgefecht, das nach dem Auflegen ein schales Gefühl hinterließ. Streitkultur hatte ich zu Hause nicht gelernt, also wütete ich lange Zeit impulsiv drauflos.

Nach meiner Kaffeepause schinde ich im Hotelzimmer noch ein bisschen Zeit, bevor ich den Computer wieder hochfahre. Auf dem Bett liegend lese ich ein Kapitel des Kurzromans »Niki oder die Geschichte eines Hundes« von Tibor Déry. Eine Freundin hat mir das Buch empfohlen, als sie hörte, dass ich über Teddy schreibe. 1956 erstmals veröffentlicht und unlängst in einem kleinen Verlag neu aufgelegt, ist es ein stilles Buch, das nicht so viel Aufmerksamkeit bekommen hat wie etwa »Herr und Hund« von Thomas Mann oder »Flush« von Virginia Woolf. Dabei trifft die Geschichte der Mischlingshündin Niki mitten ins Herz: Aus Gram über die plötzliche Abwesenheit ihres Besitzers – er wurde Opfer von Willkürjustiz im stalinistischen Ungarn und kam in Haft – wird sie krank. Tibor Déry, ein überzeugter ungarischer Kommunist, nahm in seiner Erzählung die eigene Geschichte vorweg: Wie der Protagonist seines Buches wird er, nachdem er am Volksaufstand 1956 teilnahm, verhaftet und drei Jahre lang eingesperrt. In dieser Zeit starb sein Hund, den er liebte und der zum Vorbild seiner Titelheldin wurde. Ich lese das zugleich beklemmende und fröhliche Buch in einem Zug durch – im Innenhof des Hotels werden die Tische für die Abendschicht eingedeckt, als ich es weglege. Mehr als jeder Ratgeber vermittelt Dérys unpathetische Erzählung, was Hundeliebe (in beide Richtungen) heißt. Vielleicht wird nur Literatur dem Wesen eines Hundes tatsächlich gerecht, denke ich an diesem Abend und schaue mir wie ein schmachtender Teenager ein Teddyfoto an.

DIE ÜBERFORDERUNG

Gut zwei Monate nach seinem Einzug hatte ich endlich so viel Zutrauen in mich und den Hund gewonnen, dass ich ihn zum ersten Mal außerhalb des Gartens von der Leine ließ. Es war ein Meilenstein. Die Furcht, etwas falsch zu machen, hatte nachgelassen. Beim Gehen beobachtete ich ihn konzentriert aus den Augenwinkeln und war ihm gedanklich immer einen Schritt voraus: Sobald sich ein Auto oder ein anderer Hund näherten, griff ich nach seinem Halsband. Ich versuchte zu antizipieren, was er als Nächstes vorhatte, um seinen Plan rechtzeitig zu durchkreuzen, falls er mir nicht passte.

Früher war ich gedankenverloren vor mich hingetrottet, jetzt scannte ich meine Umwelt nach möglichen Gefahren für das Tier. Diese Wachsamkeit ist erfrischend. Man nimmt Geräusche und Gerüche in einer neuen Intensität wahr, auch den Wechsel der Jahreszeiten. Mir fielen Menschen auf, die ich vorher nie in meinem Viertel gesehen hatte: Morgens um sieben zum Beispiel begegnete ich in einem kleinen Park in der Nähe regelmäßig einem Mann in Trainingsanzug. Er walkte zügig Runde um Runde, ich klaubte den Kot meines Hundes mit einer Plastiktüte auf. Nach einer Weile grüßten wir uns wie alte Bekannte.

Mit sieben Monaten hob der Hund zum ersten Mal beim Pinkeln das Bein, statt sich hinzukauern – und fiel dabei fast um. Es dauert eine Weile, bis er das Gleichgewicht hielt. Sein erster Sommer begann. Teddy bekam eine eigene Wasserflasche für unterwegs und in der größten Hitze legten wir ihm zur Kühlung feuchte Geschirrhandtücher auf den Bauch. Noch immer vergaß ich im Alltag manchmal kurz, dass ich einen Hund habe, und war überrascht, ihn zu sehen: Hoppla, ein Tier in meinem Haus. Wahnsinn. In solchen Momenten ließ seine archaische Tiernatur alles andere künstlich wie eine Kulisse erscheinen.

Der Hund war jetzt kein Baby mehr und verteidigte zusehends sein Revier. Alles, was sich bewegte, wurde angebellt: Ventilatoren und Besen, eine Plastiktüte im Wind. Wir kauften das erste »Körbchen« für Teddy. Obwohl es so groß wie ein Schlauchboot war, füllte er es komplett aus, und seine Vorderpfoten hingen über dem Rand. Meistens blieb das Körbchen leer. Tagsüber lag der Hund unter Schreibtischen oder lümmelte mit den Kindern auf Sofas herum. Nachts suchte er zum Schlafen den kühlen Steinboden der Küche, daran hat sich bis heute nichts geändert.

Im ersten Sommer erschöpfte sich das Gehen im Viertel und wir trauten uns, größere Spaziergänge in den Wald zu verlegen. Der Wald liegt nur etwa fünfzehn Minuten zu Fuß von unserem Haus entfernt, aber ohne Hund hatte ich ihn all die Jahre nur gelegentlich betreten. Plötzlich all die unterschiedlichen Wege zu entdecken, auf denen man oft vollkommen allein geht und den Hund frei laufen lassen kann, empfand ich als Befreiung. Außerdem genoss Teddy mit seinem dicken Fell die Kühle. Von nun an gingen wir täglich mindestens eine Runde im Wald spazieren. Doch auch hier war, wie überall sonst auch, höchste Aufmerksamkeit geboten. Teddy kam noch nicht zuverlässig zurück, wenn man ihn rief, und wenn er sich zu weit entfernte, wurde ich nervös. Denn auch im Wald lauern Gefahren, Wildschweine zum Beispiel, oder auch das, was der Hund für eine Gefahr hält – etwa einen Jogger, den er anspringen könnte. Aber die meisten Leute, die man im Wald trifft, haben ebenfalls Hunde und sind wohlgesinnt. Man lernt unterschiedliche Rassen und Umgangsformen kennen, auch sehr unterschiedliche Menschen. Einmal traf ich ein junges Paar, das sich im Tierheim einen Hund ausgesucht hatte, dem ein Bein fehlte. Oft begegnen wir einer älteren Frau, die mit zwei ebenfalls betagten Hunden die immer gleiche Runde dreht. Auch ein Mann, der im offenen Cabrio mit wehenden langen Haaren und drei Königspudeln auf dem Rücksitz auf dem Waldparkplatz vorfährt, ist uns inzwischen sehr vertraut, ebenso ein Ehepaar mit ihrem x-beinigen Golden Retriever, der wegen chronischer Gelenkschmerzen kaum von der Stelle kommt.

Manche werfen Bälle für ihr Tier, andere führen Arbeitsgespräche am Handy. Man kommt schnell miteinander ins Gespräch. Wie alt ist ihrer? Der ist aber schön! Welche Rasse? Afghanen sieht man selten hier. Meine ist sehr kapriziös, wie eine Katze in Hundegestalt.

Bei Teddy wird meistens das dichte Fell (ist dem nicht heiß?) und die kräftige Statur kommentiert (der hat sicher seinen eigenen Kühlschrank). Viele Dialoge driften ins Sexuelle, etwa wenn sich eine Hündin vor Teddy einladend rücklings auf den Boden legt und ihre Besitzerin das mit »typisch Frau« kommentiert. Oder wenn es heißt: »Meine riecht gerade sehr gut« und man den Hunden unter die Bäuche schaut, um zu erkennen, ob es ein Männchen oder Weibchen ist. Zudem hört man die Krankheitsgeschichten anderer Hunde und erfährt von ihren Eigenarten, tauscht Erfahrungen aus und bekommt Tipps. Für einen reservierten Menschen wie mich waren solche Schwätzchen Neuland.

Manchmal geht man beim Hundeausführen auch ein Stück Weg gemeinsam mit einem Fremden und es ergeben sich interessante Unterhaltungen. In Teddys erstem Sommer schloss ich mich einmal einem etwa gleichaltrigen Mann an. Sein Boxerrüde Herbert war inzwischen der sechste Hund, den er aus dem Tierheim geholt hatte, erzählte der Mann. Als er Anfang der Achtzigerjahre den ersten Hund holte, habe er sich alles selbst beigebracht, denn Hundeschulen, das kann man sich heute angesichts der Fülle des Angebots kaum noch vorstellen, sind eine Erfindung der neueren Zeit. Im Gegensatz zum Junghund Teddy folgte der fünfjährige Herbert sehr gut. Sein Besitzer empfahl mir, immer viel zu loben. »Hunde sind nicht kompliziert. Kompliziert sind die Menschen«, sagte er, und es würde noch eine Zeit dauern, bis ich merkte, wie viel Wahrheit in diesem Satz steckt.

Anfangs rang ich auch im Wald mit meinem Hund. Wer von uns war der Stärkere, wer setzte sich durch? Ich lernte jetzt den Einsatz von Schleppleinen zu schätzen, das sind zwischen fünf und fünfzehn Meter lange Leinen, mit denen man den laufenden Hund abrupt zum Anhalten zwingen kann, indem man auf das auf dem Boden schleifende Ende tritt.

Je größer der Hund wurde, desto mehr maßen wir unsere Kräfte aneinander. Bis an einem Sommertag etwas Einschneidendes passierte. Der Himmel an diesem Morgen war makellos blau, die Luft scharf und klar. Ein Tag wie eine Umarmung. Spontan nahm ich den Hund mit zum Einkaufen auf den Markt. Teddy, acht Monate alt, lief auf dem Bürgersteig übermütig an der Leine, kreuzte pausenlos von rechts nach links. Wir stolperten voran, bis mein Hund ruckartig eine Linde am Straßenrand ansteuerte. Der Richtungswechsel kam so abrupt und heftig, dass ich das Gleichgewicht verlor und an der Leine um den Baumstamm herumgezogen wurde – eine Szene wie aus einem Cartoon. Alles ging rasend schnell. Mein Handrücken schubberte über die Rinde und die Haut riss auf, Blut tropfte. Wenig später stand ich mit Teddy in der Schlange am Käsestand, als eine Frau mit drei Hunden – einen davon rief sie herrisch »Amazonas« – auftauchte. Wieder zog mein Hund so unvermittelt an der Leine, dass ich ihn nicht aufhalten konnte und er sich auf die anderen Tiere stürzte. Große Aufregung in der Warteschlange, ein genervtes »Haben Sie Ihren Hund nicht im Griff?«.

Die Situation war so kläglich, dass ich anfing zu heulen. Mit leerer Einkaufstasche und dem Gefühl von Machtlosigkeit trat ich den Rückweg an. Zu Hause ließ ich mir die Wunde auf dem Handrücken verbinden und verzog mich ins Bett. Teddy grub unterdessen im Garten ein Loch, legte seine Schnauze in die kühle Erde und döste. Unsere Beziehung hatte ihren Tiefpunkt erreicht, jedenfalls meine Beziehung zu ihm. Hatte ich tatsächlich geglaubt, ein wildes Tier zähmen und gefügig machen zu können? Das Gefühl von Ohnmacht war überwältigend. Einen Moment lang dachte ich: Der Hund muss weg. Es sei Zeit, das Ringen mit ihm zu beenden, bevor er mir vollends über den Kopf wachse. Ich wäre nicht der erste Fall gescheiterter Hundeliebe. Eine Freundin hatte mir kurz vor dem Zwischenfall am Käsestand erzählt, dass sie sich von ihrer Hündin, einem Kindheitstraum, vor langer Zeit hatte trennen müssen, weil sie miteinander nicht zurechtgekommen waren. Noch zwanzig Jahre nach dem Bruch war zu spüren, wie unglücklich sie darüber war.

Durch den völlig misslungenen Ausflug zum Markt wurde mir klar, wie viel sich angestaut hatte in den letzten Monaten mit Teddy und dass in mir unbemerkt der Wunsch gewachsen war, mein altes Leben zurückzubekommen. Das Leben, als in den Sofaritzen keine versteckten Knochen vor sich hinschimmelten und das Auto nicht nach nasser Wolle roch. Als der Postbote Päckchen an der Haustür abgab und nicht einfach übers Gartentor schmiss, um dem stürmischen Junghund zu entgehen. Als Sonntage nicht damit begannen, dass um sechs Uhr ein hellwacher Hund, der so dringend rausmuss, dass er sich nicht an Regeln hält, mit der Pfote fordernd an den Schlafzimmertüren pocht.

Plötzlich nahm ich an meinem Hund stärker den Mundgeruch wahr als sein weiches Fell. Sah ihn als von Zecken befallene und verwurmte Bestie, nicht als Familienmitglied. Deutete seinen scharfen Eckzahn, der immer ein Stück aus dem Maul ragt, als Warnung.

Und war enttäuscht über meine Verblendung: Offenbar hatte ich gehofft, Teddy bleibe ewig ein putziger Welpe. Mehr widerstandsloses Kuscheltier als Raubtier mit unberechenbarer Natur. Nicht der Hund war ein Reinfall, sondern ich. Weil ich seiner Art nicht gerecht geworden war. Doch ihn wegzugeben kam nicht infrage, im Grunde war es mir keine Sekunde ernst damit. Noch gab ich nicht auf – hätte schon allein deshalb nicht aufgeben können, weil die übrigen Familienmitglieder eher mich zum Auszug gedrängt hätten, als Teddy gehen zu lassen.

Der Hund kostete die anderen deutlich weniger Kraft. Meinem Mann half seine frühere Erfahrung mit (wenngleich viel kleineren) Hunden und seine Herkunft aus den österreichischen Bergen. Aufgewachsen in unmittelbarer Nähe mächtiger Natur, ist er an deren Unberechenbarkeit gewöhnt und handelt intuitiv, leint den Hund beispielsweise automatisch an, wenn ein Weg steil und schmal wird. Die Kinder wiederum begegneten dem Tier spielerischer als ich. Während ich mir meine Kenntnisse erst noch über Gespräche und Lektüren erarbeitete und immer einen Schritt hinterherzuhinken schien, legten die anderen einfach los.

Durch das Erlebnis auf dem Markt wurde mir klar: Eine Zeit lang hatte ich mich Teddys unerschütterlichem Urvertrauen angepasst, ihn umhegt und verzärtelt. Jetzt musste ich sein Leitwolf werden. Eine Expertin musste her, möglichst sofort. Hoffentlich war es noch nicht zu spät. Der Hund war jetzt so groß, dass er sich mühelos mit den Vorderläufen auf die Kücheninsel stemmen konnte. Ein halbes Pfund Butter, eine Avocado und eine Mango landeten in seinem Magen, bis mir einfiel, sämtliche Lebensmittel aus seiner Reichweite zu bringen. Wie könnte man es einem Tier verübeln, dass es sich wie ein Tier verhält und sich nimmt, was da verlockend vor ihm ausgebreitet liegt? Mir fiel der Satz des Besitzers von Herbert ein: Hunde sind nicht kompliziert. Kompliziert sind die Menschen. Also ich.

»Das letzte Kind hat Fell« ist ein Satz, den man oft hört, wenn man sich einen Hund anschafft. Doch natürlich ist ein Hund kein Mensch. Kinder erzieht man durch Beispiel und Liebe, beim Hund reicht das nicht aus. Kindern kann man zurufen: »Ich räume noch schnell die Spülmaschine aus, dann unterschreibe ich deine Mathearbeit.« Wenn dagegen ein Hund auf etwas wartet, muss man handeln. Lässt man ihn nicht raus, wenn er an der Tür kratzt, pinkelt er ins Haus oder leidet. In der Kommunikation mit ihm zählt vor allem die Tat. Das ist, nebenbei, eine gute Schule. Aber wie gelingt es, mit dem Tier eine gemeinsame Sprache zu entwickeln? Sich zu verständigen?

Teddy war neun Monate alt, als ein neues Kapitel in unserer Beziehung begann. Im Freundes- und Bekanntenkreis hatte ich nach Empfehlungen gesucht und war auf Astrid gestoßen, eine Hundetrainerin mit hervorragendem Ruf. Der Hund lag auf der Schwelle zwischen Küche und Esszimmer, als Astrid uns zum ersten Mal besuchte.

Mit der Autorität einer Generalin marschierte sie ins Haus und taxierte die Lage. »Er versperrt euch den Weg. Klares Dominanzverhalten«, begann sie einen Kurzvortrag über gute Führung. Jedes Unternehmen habe eine Hierarchie und genau die brauche es auch im Umgang mit dem Hund. Kein Assistent lümmle raumgreifend vor dem Chefzimmer herum. »Das Tier braucht Klarheit. Es will geführt werden.« Dann zog sie eine Kette aus der Tasche, an der Münzen und andere Metallteile hingen. Die Kette ließ sie beiläufig neben Teddy auf den Boden fallen, ohne ihn dabei anzusehen. Das Metall klirrte auf dem Steinboden – und der Hund sprang sofort auf. Mit einer Handbewegung ließ er sich auf seinen Hundeplatz manövrieren, also dorthin, wo er nicht im Weg liegt. Die hohen Frequenzen des metallenen Klirrens behagen ihm nicht, er reagiert darauf wie auf ein schrilles Signal.

Die Generalin riet, an zentralen Stellen im Haus eine Handvoll Löffel bereitzulegen. Die flögen künftig dann, wenn der Hund zu viel Raum einnehme und den Weg versperre, knapp am Tier vorbei unvermittelt auf den Boden. Ohne Blickkontakt. Als kämen sie aus dem Nichts. Das Geräusch lenke die Aufmerksamkeit des hilfesuchenden Hundes auf den Menschen. Eine Zeit lang trug jeder in der Familie eine Kette in der Hosentasche und schon bald machte ein leichtes Rasseln Teddy gefügig. Sanft wie ein Lamm ließ sich das große, schwarze Tier jetzt führen. Folgte er trotzdem mal nicht, kam er in den »Knast« – eine mit zwei Stühlen abgegrenzte Nische. Die Zeit von Disziplin und Konsequenz war angebrochen.

Es fiel mir nicht leicht, die Löffel neben dem Hund zu Boden zu werfen, ich musste es üben. Das Martialische der Wurfgeschosse behagte mir nicht. Hätte ich von Anfang an regelmäßig mit dem Hund Übungen gemacht, würden wir das jetzt nicht brauchen, geißelte ich mich selbst. Ich hatte sein Urvertrauen ausgenutzt. Doch dann wurde mir klar: Nachsicht ist die falsche Währung, wenn es um Hundeerziehung geht. Wie oft hatte ich »Ach, Teddy« geseufzt, wenn er sich daneben benahm, hatte gehofft, das würde ihn beeindrucken. Und tatsächlich geglaubt, wenn ich ihm Futter, Liebe und Wärme gäbe, bekäme ich im Gegenzug automatisch Gehorsam und kultiviertes Verhalten. Aber so funktionierte das nicht. Anders als Kinder, die ihren Eltern viel abschauen, sehen Hunde ihren Halter nicht als Vorbild. Und sie kennen keine Kategorien wie Gewissen oder Moral.

Etwa zu der Zeit, als Astrid unsere Erziehungsratgeberin wurde, begann Teddy sich beim Spazierengehen plötzlich mitten auf die Straße zu legen wie ein bockiges Kind. Die Pubertät hatte begonnen. Im Kopf des Hundes übernahm jetzt Testosteron die Führung. Wie bei Jugendlichen verschalten sich in dieser Zeit die Nervenzellen im Gehirn neu. Langfristig führen die Umbauarbeiten zu reiferem Verhalten. Kurzfristig war der Hund kaum zu bändigen. Er war jetzt ein Halbstarker, der sich an das Wenige, was er gelernt hatte, nicht erinnerte. Rief man ihn, hob er gelangweilt den Kopf und schien zu fragen: Teddy? Wer war das noch mal? Vor allem aber erwachte seine Sexualität: Seine Welt bestand jetzt hauptsächlich aus Gerüchen. Viele Stunden verbrachte er schmachtend am Gartentor, um auf die Hündin seines Lebens zu warten. Kam eine vorbei, fiepte er sehnsüchtig. Beim Spaziergang hob er viel öfter als früher sein Bein, um sein Revier zu markieren. Auf der Hundewiese zog es ihn mit aller Macht zu den Hinterteilen anderer Hunde. Und das war erst der Anfang.

Als Welpe hatte er sich nicht dafür interessiert, ob die Artgenossen, denen er begegnete, männlich oder weiblich waren. Jetzt schien es nichts Wichtigeres zu geben und andere Rüden wurden gelegentlich angeknurrt, ein Wettbewerb entstand. Sobald ein anderer Hund auftauchte, egal ob Rüde oder Hündin, stürzte Teddy sich neugierig auf ihn. Auf Kettenrasseln und Futterbrocken reagierte er in solchen Momenten nicht. Verpasste ich den Moment, bevor er lossprang, zog er mich an der Leine hinter sich her. Ein erbärmliches Bild. Bald wechselte ich vorauseilend die Straßenseite, sobald ein anderer Hund in Sicht war. Zog mich mit Teddy verstohlen in Garagenausfahrten zurück oder drückte mich in Hauseingängen herum. Manchmal drehte ich mich auch um und wir rannten davon, um Begegnungen zu vermeiden. Es war der totale Bankrott. Ein dringender Fall für Hundetrainerin Astrid.

In dieser Zeit ging jeden Samstagvormittag einer aus der Familie zu ihrem »offenen Training mit Junghunden«, und wer dran war, war für den Rest des Tages nicht mehr zu gebrauchen, so anstrengend waren die neunzig Minuten. Einmal setzte ich meine Tochter und Teddy am Rande der Waldlichtung ab, wo sich die Gruppe traf. Sie stemmte sich mit ihrem gesamten Körpergewicht gegen Teddy, den es zu den anderen Hunden auf der Lichtung zog. Mein zartes Kind lehnte sich so weit zurück, dass es wie ein Segel im Starkwind fast waagrecht über dem Erdboden schwebte. Der Hund keuchte und röchelte wie ein schwerer Asthmatiker, weil ihm das Halsband die Luft abschnürte. Noch war Teddy nicht ausgewachsen. Schon bald würde er mit bloßer Kraft nicht mehr zu halten sein.

In der Gruppe wurde geübt, die Impulse des Tieres zu kontrollieren. Zum Beispiel reihten sich alle Teilnehmer und ihre Hunde nebeneinander auf und einer musste mit seinem Hund an ihnen vorbeigehen, ohne dass dieser ausscherte. Ein Spießrutenlauf. Oder man streute Futter vor dem Hund aus und ließ es ihn erst fressen, wenn man das Kommando gegeben hatte. Zudem lernten wir, selbst Impulse zu setzen, um eine gewünschte Handlung auszulösen – etwa, indem wir das Tier mit Sprüngen und Händeklatschen dazu animierten, aus einiger Entfernung zu uns zu laufen. Oder es mit unserem Körpergewicht zu steuern. Ähnlich wie beim Löffel-Signal musste ich mich anfänglich dazu überwinden, Teddys Kopf mit meinem Knie in die Richtung zu drehen, in die ich ihn gehen lassen wollte. Oft war der Hund längst über alle Berge, bis ich mich dazu durchgerungen hatte. Aber mir fiel ein, wie ruppig die kleinen Hunde in der Welpenschule sich gegenseitig herumgeschoben hatten. Hunde regeln untereinander vieles, indem sie sich gegenseitig Raum nehmen.

Ohne Einsatz des eigenen Körpers kommt man bei großen Hunden nicht weit, und das zu erkennen, war eine wichtige Wegmarke in meinem ersten Hundejahr. Leitwolf zu werden, kostet Überwindung. Erst als ich mich traute, Teddy fest am Nackenfell zu packen oder auch mal in die Seite zu zwicken, schien er mich zu respektieren. Ich machte den Hund gesellschaftsfähig, und im Gegenzug lehrte er mich Körpersprache und Wendigkeit.

Astrids Ton mit den Hunden war zuweilen barsch, ihr Umgang zackig. Es bestand kein Zweifel, wer den Ton angab. Außerdem hatte Astrid einen Gehilfen: ihren Kangalhirtenhund Sultan, ein riesenhaftes Tier, das eingriff, wenn ein Hund einen anderen bedrängte. Im Training stürzte sich Sultan mehrmals auf Teddy und kläffte ihm direkt ins Ohr, sodass mein Hund vor Schreck rückwärts durch die Luft flog. Jeder auf seine Art verkörperten Astrid und Sultan das, was im Umgang mit Hunden zählt: Unmissverständlichkeit, auch Entschiedenheit und Standhaftigkeit.

Der Hund spiegelt das Verhalten seines Halters, heißt es – und das Bild, das ich in der Hundeschule von mir zurückgeworfen bekam, zeigte einen zögerlichen, konfliktscheuen Menschen. Ich agierte schwerfällig und begriffsstutzig, hatte den Ablauf einer Übung oft schon vergessen, bevor ich an der Reihe war. Eigentlich sollten wir den Lerneffekt der Hundeschule vertiefen, indem wir die Übungen zu Hause wiederholten. Für das systematische Üben fehlte mir jedoch die Geduld. Erfolg hatte ich lediglich mit dem sogenannten Preydummy, einem mit Hundekeksen befüllten Apportierbeutel, den Teddy auf den Befehl »Such's!« aufspürte. Hatte er den Beutel im Maul zu mir zurückgetragen, öffnete ich ihn und belohnte ihn mit Keksen.

Weil der Hund meine Schwächen kannte und sich entsprechende Schlupflöcher suchte, buchte ich immer mehr Kurse bei Astrid. Spätestens beim Leinenführungstraining in der Innenstadt kam ich an meine Grenzen. Eine Stunde lang marschierten wir Bürgersteige auf und ab, überquerten Straßen und signalisierten dem Hund durch abrupte Richtungswechsel, wer der Chef ist. »Leine sehr kurz halten, Gewicht verlagern, Drehung nach rechts«, kommandierte Astrid. Einen Junghund, der fünfzig Kilo wiegt und oversexed ist, durch belebte Straßen voller verführerischer Gerüche konsequent bei Fuß laufen zu lassen, erfordert ungeheure Kraft. Doch ich machte Fortschritte und führte ihn von Mal zu Mal energischer durch die Stadt.

Gelegentlich fragte ich mich, warum in Gesprächen über Hunde oder in Hundebüchern nie offen zur Sprache kommt, wie anstrengend das erste Jahr mit dem ersten Hund ist. Wie damals, als meine Kinder klein waren, war ich auch jetzt ständig überwältigt und erschöpft. Beim Thema Mutterschaft orientierte man sich jahrhundertelang am Mythos der sich klaglos hingebenden Mutter. Erst als in jüngerer Zeit einige Autorinnen Mutterschaft als Schock beschrieben haben – etwa in dem Buch »Regretting Motherhood« –, ist eine aufrichtigere Darstellung des Lebens mit kleinen Kindern möglich geworden. Vielleicht braucht es im Hundeuniversum ja einen ähnlichen Auslöser.

Je mehr Hundetrainer ich im Laufe der Zeit kennenlernte, umso bewusster wurde mir: Einen guten Trainer erkennt man an seiner Körpersprache. Als Teddy im Sommer vom Besitzer der Hundepension, in der er während unseres Urlaubs wohnte, abgeholt wurde, war er dem Mann vom ersten Augenblick an hörig. Er kannte ihn nicht, doch der Trainer hatte mit seiner Körperspannung sofort seine volle Aufmerksamkeit. Teddy trottet ihm willig in den VW-

Bus hinterher, ließ sich anstandslos anschnallen und brauste davon, ohne sich auch nur nach uns umzusehen.

Ein erfahrener Trainer braucht keine Worte, um Hunde zu führen. Mensch und Tier bewegen sich so harmonisch miteinander, dass es an eine Choreografie erinnert. Ein leichtfüßiger, schöner Tanz. Körpersprache mit einem Hund bedeutet: Entschieden auf ihn zugehen, wenn er stehen bleiben soll. Ihm den Weg abschneiden, wenn er eine ungewünschte Richtung einschlägt. Ihn mit erhobenem Knie abdrängen, wenn er an einem hochspringt.

Die wortlose Kommunikation erinnerte mich an die Ausbildung zur Sterbebegleiterin, die ich mit Anfang fünfzig in einem Berliner Hospiz gemacht habe. Auch dort verständigt man sich nonverbal, wenn Sprechen nicht mehr möglich und man auf Blicke und Gesten angewiesen ist. Eine wichtige Voraussetzung dafür ist, sich selbst zurück- und bei seinem Gegenüber auch minimale Regungen wahrzunehmen. Der Hund setzt bei mir diesen Lernprozess fort: Die nonverbale Verständigung mit ihm motiviert mich, auch bei Menschen mehr auf die Körpersprache zu achten und mich in ihre Situation zu versetzen. Ausgerechnet in Teddy habe ich unerwartet einen Kommunikationstrainer gefunden.

Manchmal denke ich, das Training hat mich mehr verändert als das Tier. Denn Hundeschulen sind für Menschen gemacht, damit sie lernen, ihr Tier zu führen. Gute Führung heißt: Einfach und klar verständlich machen, was man will. Entscheidungen schnell und nachvollziehbar treffen. Zupacken. Ein Gefühl von Sicherheit und Zuverlässigkeit vermitteln. Viel loben. Zum Teil gilt das für gute Führung von Menschen genauso.

Teddys Erziehung hat viel Zeit, Geld und Nerven gekostet. Am Ende seiner ersten beiden Lebensjahre werde ich vier verschiedene Hundeschulen, sechs Trainer und etliche Bücher konsultiert haben. Als ich mit 38 Jahren Mutter wurde, war das anders: Keine Sekunde habe ich darüber nachgedacht, ob ich Kindererziehung etwa lernen oder mir gar professionelle Hilfe suchen müsse. Wenn nötig, holte ich mir Rat bei Familie und Freundinnen. Ich habe auf den Erfahrungsschatz der eigenen Kindheit gebaut, bin meiner Intuition gefolgt. Es hat gut funktioniert, meine Kinder sind wunderbare junge Erwachsene geworden. Aber heute denke ich, ein paar Umwege wären uns erspart geblieben, hätte ich bereits einen Hund erzogen, bevor ich Kinder bekam. Durch die vielen Stunden mit Teddy in der Hundeschule habe ich gesehen, welchen Erfolg man mit beständiger Wiederholung erzielt (die natürlich viel Geduld kostet). Ich habe gelernt, wie wichtig es ist, konsequent zu sein und Erwartungen klar zu kommunizieren, auch zu belohnen, wenn etwas gelingt. Wie etwa die lachenden Gesichter, die eine Lehrerin meiner Kinder in der Grundschule unter fehlerlose Hausaufgaben stempelte. Bei einer bestimmten Anzahl dieser Smileys gab es ein kleines Geschenk. Damals habe ich das gering geschätzt, heute wünschte ich, selbst mehr solcher kleinen Anreize in die Kindererziehung eingebaut zu haben. Erst durch die Erziehung von Teddy habe ich den Wert von Strategien auch im Umgang mit Menschen erkannt: Sich ein Ziel zu setzen und zu planen, wie man es am besten erreicht.

»Beim laienhaften Umgang mit Kindern übersehen wir häufig, dass Kindern die Treibfeder erwachsenen Handelns verborgen ist. Vieles läuft automatisch ab. Dem Hundefreund dagegen ist klar, dass er zunächst Wesen und Verhalten seines Schützlings studieren muss. Beim Umgang merkt er, dass er mit seiner ganzen Persönlichkeit gefordert ist: Eigene Disziplin, sorgfältige Beobachtung, liebevolles, aber gleichsam konsequentes Verhalten«, heißt es im Leitfaden »Was Eltern von Kynologen lernen können. Moderne Hundeerziehung und Umgang mit Kindern in unserer Gesellschaft«. Die über neunzigjährige Gudrun Halbrock hat ihn geschrieben, sie war früher Lehrerin und dann Psychotherapeutin für Kinder und

Jugendliche. Ohne Teddy hätte ich ihre Broschüre nicht mal in die Hand genommen, doch als Hundebesitzerin finde ich sie bestechend originell. Dass Halbrock pädagogische Pflichtseminare für Eltern fordert, leuchtet mir erst als Hundebesitzerin ein.

Was Teddy betrifft, waren in der aufwendigen Erziehung nicht Perfektion und Unterwerfung das Ziel – aus dem urwüchsigen Hund sollte schließlich keine fade Angestelltenexistenz werden. Der Aufwand wurde aus reiner Notwendigkeit betrieben: Um mit einem Tier von dieser Kraft und Größe in der Stadt zu leben, muss es zuverlässig gehorchen.

Nach und nach haben Teddy und ich herausgefunden, was wir tun können, um harmonisch miteinander zu leben. Er reagierte auf meine Impulse, und ich lernte sein Verhalten zu lesen, durch Gesten und Körpersprache kamen wir gemeinsam ins Gespräch. Musste er beispielsweise raus, tänzelte der Hund um mich herum und zog mich mit dem Maul am Hosenbein. Hatte er Hunger, stupste er mich beharrlich mit einer Pfote. Bei Angst erstarrte er. Drohte seiner Ansicht nach Gefahr, was glücklicherweise selten vorkam, bellte er mit eindrucksvoll dunkler Stimme.

Und natürlich wogen längst unbeschwerte Augenblicke mit Teddy den krisenreichen Marktbesuch und nervenaufreibende Trainingseinheiten auf. An seinem ersten Geburtstag waren wir bemüht, ihn so tiergerecht wie möglich zu gestalten. Teddy wusste ja nicht, dass er Geburtstag hatte. Ein extra großer Knochen reichte. An seinem ersten Weihnachtsfest bei uns beschnüffelte der Hund neugierig den Christbaum und spielte mit Geschenkpapier. Als zwischen den Jahren ein bisschen Schnee fiel, streckte er seine Zunge aus und versuchte die Flocken zu fressen. Die Silvesternacht verschlief er. Nur als um Mitternacht das Feuerwerk begann, hob er einen Moment lang verwundert den Kopf.

Zu Beginn des neuen Jahres zog es Teddy auf Spaziergängen in den Straßen zu Adventskränzen und Weihnachtsbäumen hin, die auf den Bürgersteigen zum Abholen lagen. Mehrmals verbiss er sich in einer Tanne und schleifte sie mit nach Hause. Es ging ihm gut. Bald schon begann sein zweites Jahr in Berlin.

Kurz bevor meine Arbeitswoche in Friedrichshain zu Ende geht, verabrede ich mich mit Mann und Hund im Treptower Park. Der Park ist nur einen kurzen Fußmarsch vom Hotel entfernt, er führt kilometerweit am Ufer der Spree entlang und gehört zu den größten Grünflachen Berlins. Nach dem Zweiten Weltkrieg haben die Sowjets hier eine Gedenkstätte für die gefallenen Soldaten der Roten Armee errichtet. In der monumentalen Anlage sticht die Statue eines Soldaten heraus, der auf einem dreißig Meter hohen Hügel steht. In der rechten Hand hält er ein Schwert und im linken Arm ein Kind, das er, so die Legende, vor den Nationalsozialisten gerettet hat. Man fühlt sich zu Füßen von diesem Koloss aus der Zeit gefallen und winzig klein.

Früher, als ich noch in der Gegend lebte, bin ich oft zum Spazierengehen in den Park gefahren. Obwohl er mitten in der Stadt liegt, ist man der Natur hier ungewöhnlich nah. Die Kronen hochgewachsener Linden, Kastanien und Eichen, auch von Ulmen und Ahornbäumen bilden Dächer aus Laub. Breite Sandwege führen an einem Karpfenteich und einem Kinderspielplatz vorbei, an Liegewiesen, Rosen- und Staudengärten.

Es ist heiß und windstill, als wir den Park mit Teddy durch einen Triumphbogen am Straßenrand betreten. Schnüffelt er anfangs noch gierig jeder Spur im Gebüsch hinterher, lässt er sich bald hechelnd auf den Sandweg fallen. Wir flößen ihm Wasser ein und schlendern weiter zum Teich. Die Hitze setzt dem Hund so sehr zu, dass er sogar ins Wasser steigt, was er nur in Ausnahmefällen tut. Mit gekühltem Bauch trottet er auf den Rasen zurück und schüttelt sich so kräftig, dass die Hundemarken klimpern. Durch das nasse Fell wirken seine Beine plötzlich ungewohnt dünn und seine Proportionen grotesk verzerrt. Wie ein Kastanienmännchen auf Streichholzbeinen steht er da.

Im Park sind viele Hunde unterwegs, darunter auch eine Berner Sennenhündin. Obschon normalerweise an der eigenen Rasse kaum interessiert, zieht es Teddy mächtig zu dieser Hündin hin. Sie heißt Bella und war, wie ihre Besitzerin sagt, kürzlich »zum dritten Mal heiß«. Bella sei bereits ihr vierter Berner Sennenhund, erzählt die Frau. Zuvor habe sie ausschließlich Rüden gehabt, die seien im Vergleich zu der Hündin pflegeleicht und ruhig gewesen. »Dit Weibchen is viel uffjedrehter.«

»Wie lebt es sich mit dem großen Hund mitten in der Stadt?«, will ich wissen.

»Im Sommer kein Problem, da wohnen wir mit den Hunden im Schrebergarten«, antwortet sie. Aber in der kälteren Jahreszeit gebe es oft Streit mit den Nachbarn im Haus. Einer habe mal Gift ausgelegt, davon ist sie überzeugt. Aus dem Nichts heraus habe ihr Hund zu zittern begonnen und sei kollabiert, sie hätten es gerade noch rechtzeitig zum Tierarzt geschafft.

Teddy lässt sich kaum halten, als wir uns verabschieden und Bella mit ihrer Besitzerin weitergeht. Zurück beim Auto weigert er sich, in den Kofferraum zu springen. Offenbar gefällt ihm der Park. Auch mir tut nach den Tagen in der Innenstadt die Nähe der Bäume gut. Jäh packt mich Sehnsucht nach unbegrenzter Natur. Um das Buch fertig zu schreiben, beschließe ich in der Hitze dieses Julitages, mir eine Unterkunft weit draußen auf dem Land zu suchen.

Teddy war eineinhalb Jahre alt, als er sich plötzlich aufbäumte wie ein röhrender Hirsch. Hatte er eine Stelle markiert oder war auf die besonders spannende Duftmarke eines anderen Tieres gestoßen, streckte er seine Brust heraus und scharrte mit stolz erhobenem Kopf so heftig rückwärtsgewandt mit Vorder- und Hinterpfoten, dass Erdklumpen und Laub hinter ihm durch die Luft flogen. Erst nach viel Übung glückte ihm das Imponiergehabe mit der überzeugenden Lässigkeit.

Auf der Hundewiese bedrängte er jede Hündin, die ihm über den Weg lief. Er schnüffelte und markierte wie ein Besessener. Nachts, wenn die Straßen leer waren, ließ ich ihn beim Spazierengehen manchmal frei laufen. Doch sobald er Witterung eines anderen Tiers aufnahm, schoss er über die Straße und rannte auf und davon. Spätestens jetzt zeigte sich, was für eine mächtige Kraft der Fortpflanzungstrieb ist.

Teddy lief jetzt zweimal pro Woche bei einer Dogwalkerin mit. Die Zeit mit anderen Hunden im Wald würde ihn umgänglicher machen und sein Sozialverhalten verbessern, hofften wir. Hunderte Dogwalker sind in Berlin unterwegs, um die Hunde berufstätiger Menschen auszuführen. Viele davon sind Amateure, das erkenne ich im Wald daran, dass sie schreiend Befehle geben oder mich nervös auffordern, ihrer Gruppe mit meinem Hund aus dem Weg zu gehen. Professionelle Dogwalker dagegen ziehen mit ihren Hunden wortlos ins Unterholz, sobald ein fremder Hund aufkreuzt.

Gehorsam wie ein Bienenschwarm folgt die Gruppe ihrer Königin ins Dickicht, es ist ein eindrucksvolles Bild.

In der Fülle des Angebots den passenden Ausführdienst zu finden, ist nicht leicht. Als ich einmal eine Dogwalkerin beobachtete, die einige große Hunde in ihrer Gruppe hatte und genauso freundlich wie souverän mit ihnen umging, beschloss ich, sie anzusprechen. Ich rief ihr auf dem Waldparkplatz aus einiger Entfernung zu, dass ich Kontakt aufnehmen möchte. »Kann grad nicht. Telefonnummer steht auf dem Bus«, rief sie zurück und deutete auf einen Transporter am Waldrand. Ihre bedingungslose Konzentration auf die Hunde beeindruckte mich. Bei ihr war ich richtig.

Bevor Teddy mitlaufen durfte, war ein Termin zum Kennenlernen vereinbart worden. Aufgeregt wie bei der Kita-Eingewöhnung meiner Kinder hatte ich mit Teddy am Straßenrand auf den Hundebus des Ausführservices gewartet. Am Steuer saß Melanie, die Frau aus dem Wald. Ihre Haare waren hennarot gefärbt und ihre Lippen gepierct, sie hatte die gesunde Gesichtsfarbe von jemandem, der viel Zeit im Freien verbringt. Melanie stieg aus und Teddy drehte angesichts der Hundegerüche, die in ihren Kleidern hingen, fast durch. Er sprang an ihr hoch und bedrängte sie, doch Melanie beeindruckte das nicht. Mit einer jähen Bewegung brachte sie ihn erst dazu, auf dem Bürgersteig zu sitzen und dann in den Bus zu springen. Neun Hunde sind in der Gruppe, darunter ein gehbehinderter alter Dackel und ein flinker Australischer Ridgeback. Teddy verguckte sich beim Kennenlerntermin in einen kastrierten Weimaraner und wich ihm im Wald kaum von der Seite. Er folgte noch nicht so gut wie die anderen Hunde, imitierte aber ihr Verhalten und kam zuverlässig mit ihnen zurück, wenn er sich entfernt hatte. Über drei Stunden dauerte der Spaziergang, unterbrochen von Pausen, bei denen wir auf Baumstämmen rasteten und die Hunde mit Wasser und Leckerbissen versorgten. Selten habe ich meinen Hund so glücklich gesehen. Wir hatten unsere Dogwalkerin gefunden.

Wenn morgens der Hundebus bei uns vorfuhr, geriet Teddy jedes Mal in einen Zustand sexueller Erregung. Selbstvergessen steigerte er sich auf dem Bürgersteig regelmäßig in eine Luftnummer hinein, sobald er Melanie sah. Anders gesagt: Ihn überkam seine Natur. Er wirkte mitleiderregend bei diesem nicht willentlich gesteuerten Akt. In solchen Momenten neben dem rhythmisch ruckelnden Hund zu stehen, fiel mir schwer. Er war mir plötzlich fremd – so sehr schien sein Wesen hinter dem alles beherrschenden Trieb zu verschwinden.

Auch im samstäglichen Gruppentraining überwältigte den Hund gelegentlich sein Trieb. Andere Hundebesitzer und -besitzerinnen fragten dann entgeistert, was los sei – als habe er einen Anfall und müsse sofort ins Krankenhaus. Masturbierende – oder auch kopulierende – Haustiere sieht man im städtischen Alltag selten, der Anblick ist ähnlich ungewohnt wie der eines Toten. Dass auch Haustiere ein Sexleben haben, passt nicht in unsere kontrollierte Welt.

Bald klagte Melanie, dass Teddy beim Auslauf nicht mehr mit den anderen Hunden spiele, sondern ausschließlich sexuell an ihnen interessiert sei. Sie nannte sein Verhalten »zwanghaft«. Mein süßes, großes, tapsiges Haustier hatte plötzlich den Ruf eines Harvey Weinstein – ein grobschlächtiges Ungeheuer, *totally sex driven*. Um Teddys Ehre zu retten, ließ ich ihn von einem Hundesachverständigen mit Zertifikat von der Berliner Tierärztekammer begutachten. Der beobachtete ihn bei einem gemeinsamen Spaziergang im Wald und stellte fest, dass Teddy »viel mit der Nase unterwegs« sei. Doch schließlich kam er zu dem Ergebnis, dass es sich bei dem jungen Hund um »kein übermäßig triebhaftes Verhalten« handle. Mit der Zeit würde der Trieb von allein nachlassen. Ich war erleichtert.

Doch je stärker Teddys Trieb wurde, desto mehr rieten Dogwalkerin und Trainerin zur chemischen Kastration. Unter Hundebesitzern ist der Chip sehr beliebt, weil man ihn auf Zeit einsetzen lassen kann, von drei Monaten bis zu einem Jahr. Es wäre die Vorstufe einer Kastration, bei der die Hoden des Rüdens entfernt werden – also der drastischsten Variante, die Sexualität des Tieres vollständig zu kontrollieren. Doch auch der Hormonchip, der dem Tier zwischen den Schulterblättern implantiert wird und seinen Testosterongehalt senkt, schafft ein Dilemma. Wie weit will ich meinen Hund von seiner Natur entfremden, damit ich ihn als Haustier halten kann? Wo ziehe ich die rote Linie zwischen Menschenwelt und Tier?

Die Entscheidung, ob wir Teddy chippen lassen sollten, ließ uns keine Ruhe. In keinem anderen Bereich des Zusammenlebens von Mensch und Tier greift man so stark in das Wesen des Tieres ein wie hier. Wer leidet mehr: Der Stadthund unter seinem Trieb, weil er andauernd verführt wird und nie zum Zug kommt? Oder der Mensch, dem sein sexualisiertes Tier über den Kopf wächst? In Momenten großer Erschöpfung plädierte ich für den Chip, doch in anderen fühlte es sich schal und falsch an, dem Hund aus Gründen der eigenen Bequemlichkeit eine zentrale Körperfunktion abzusprechen. Sterilisation macht Hunde zudem oftmals fett, träge oder inkontinent, auch Farbe und Beschaffenheit des Fells können sich verändern.

Es gibt Hundebesitzer, die ihre kastrierten Rüden scherzhaft als »Rüdin« bezeichnen. Denn wenn man einen Hund seiner Potenz beraubt, verändert sich sein Körpergeruch und er wird von anderen männlichen Hunden gierig beschnüffelt wie eine Hündin. Mir tun die Kastraten leid. Erst nimmt man ihnen die Männlichkeit, dann werden sie von ihren Geschlechtsgenossen obendrein noch sexuell belästigt. Den Sexualtrieb eines Tieres ohne medizinische Notwendigkeit zu dämpfen oder sogar auszuschalten, erscheint mir als eine Form der Herablassung.

Ich verschlang Sachliteratur und diskutierte mit Tierärztinnen, um mir eine Meinung zu bilden. Wissenschaftler sehen vor allem

Nachteile der Kastration: Die Entfernung der Keimdrüsen greift derart massiv in den Hormonhaushalt des Tieres ein, dass das fein abgestimmte System aus dem Gleichgewicht kommt. Tierärzte, die eher die praktische Seite im Blick haben, behaupten hingegen: Unkastrierte Rüden in der Stadt zu halten – mit all den verführerischen Gerüchen an jeder Ecke – sei Tierquälerei. Einer vergleicht die Verweigerung der Kastration damit, dem Hund permanent ein Schnitzel vor die Nase zu halten, ohne dass er reinbeißen darf. Ein anderer argumentiert, dass Hunde nicht in die Vergangenheit blicken können und deshalb gar nicht merken, was ihnen verloren gegangen ist, wenn man ihnen die Geschlechtsorgane entfernt. Sich darüber Gedanken zu machen, sei eine unzulässige Form der Vermenschlichung des Tiers. Nach vielem Hin und Her wurde in der Familie entschieden, dass Teddy bleibt, wie er ist: aus unserer Sicht perfekt.

Wir haben die Entscheidung nie bereut: Wie vom Hundesachverständigen vorausgesagt, wurde Teddys Sexualtrieb allmählich schwächer. Mit spätestens zweieinhalb Jahren wurde Teddy ein sehr umgänglicher Hund. Heute rennt er längst nicht mehr jeder Hündin hinterher und führt Befehle auch ohne Futteranreiz zuverlässig aus. Wenn wir essen, hält er sich vom Tisch fern und beobachtet uns aus dem angrenzenden Zimmer, die Schnauze auf die Türschwelle gelegt. Wir machen all die Dinge, die ich mir in der Anfangszeit mit Hund nur vage ausgemalt hatte: Gemeinsame Restaurantbesuche zum Beispiel, bei denen Teddy entspannt unterm Tisch liegen bleibt und niemanden belästigt. Oder gemeinsame Einkäufe, bei denen er, mit der Leine an einem Pfosten angebunden, geduldig vor dem Laden wartet.

Die meiste Zeit des Tages schläft der Hund. Bis auf etwa vier Stunden, seine »wölfischen« Stunden. In diesen Stunden bricht das Urwüchsige aus ihm heraus, er will rennen, kämpfen, knurren, zerren, schnüffeln. Zuallererst, unbedingt und hauptsächlich, schnüffeln. Bei einem außergewöhnlichen Geruch hebt er das linke Vorderbein. Stößt er im Gebüsch auf etwas Spannendes, schraubt er seine Nase tief hinein. Interessant duftende Grashalme leckt er ab wie ein Eis am Stiel. Hunde sind darauf programmiert, die Welt durch ihre Nase wahrzunehmen, habe ich gelesen, sie können ein Objekt bis maximal anderthalb Kilometer Entfernung riechen. Stromverteilerkästen etwa, eine Art Nachrichtenbörse für Hunde, ziehen Teddy magisch an. Auch Autoreifen scheinen eine Menge Geschichten zu erzählen, sie kombinieren Lokalressort und Auslandsberichterstattung. Je höher Teddy markiert, desto zufriedener ist er, weil sich seine Duftmarke besser verteilt.

Ein- oder zweimal im Jahr buche ich noch ein Gruppentraining mit Astrid, mehr aus Anhänglichkeit als aus Notwendigkeit. Wir wissen jetzt, was zu tun ist, sind sicherer und einfallsreicher geworden. Wenn der Hund auch nach wiederholtem Locken und Auffordern nicht aus dem Auto springen will, schließe ich die Kofferraumtür und gehe ein paar Minuten weg. Im zweiten Anlauf kommt er dann sofort raus. Und wenn er beim Spaziergang im Viertel die Führung übernehmen will – gelegentlich setzt er sich, wenn ich eine andere Richtung als er einschlagen möchte, bockig auf die Straße und lässt sich keinen Zentimeter bewegen –, klicke ich die Leine ab und gehe unbeirrt weiter. Schon nach wenigen Minuten trottet der Hund herbei.

Ich habe mich an alles Mögliche gewöhnt – zum Beispiel, dass regennasse Plüschhunde, Teddys Spielzeuge, wie kleine Hundeleichen im Garten herumliegen. Es macht mir auch nichts mehr aus, in den Pfützen rund um seinen Wassernapf auszurutschen. Die billigen Sisalteppiche, die wir anfangs als Schutz auf den Parkettboden gelegt hatten, sind immer noch da. Eigentlich sollten sie nach der Welpenzeit rausfliegen, aber im Alltag mit Hund ist Zweckdienlichkeit Trumpf.

Auch wenn die Beziehung von Mensch und Hund in Spielfilmen als kitschige Liebesgeschichte dargestellt wird, ist die Wirklichkeit ein bisschen komplizierter. Im täglichen Leben rangelt man wie in jeder Partnerschaft auch mit dem Hund darum, unterschiedliche Interessen und Bedürfnisse miteinander zu vereinen. Zum Beispiel möchte der Hund tagsüber möglichst wenig sich selbst überlassen werden, ich muss aber in die Redaktion oder bin beruflich unterwegs. Wie früher, als die Kinder klein waren, flickschustern wir deshalb Tagesabläufe zurecht, in denen der Hund fast durchgehend Gesellschaft hat. Sogar eine Art Tagesmutter war eine Zeit lang im Einsatz – eine Zufallsbekanntschaft von einem Waldspaziergang. Ihr Berner Sennenhund, der vorerst letzte von insgesamt dreien, war kurze Zeit zuvor gestorben.

Als wir der Rentnerin dann den Hund an einem Februarmorgen zum ersten Mal brachten, deutete sie auf ein Blumenbeet in ihrem Garten und sagte: »Hier ruhen Hamlet I, Hamlet II und Hamlet III.« Noch lange habe Teddy am Gartentor darauf gewartet, wieder abgeholt zu werden, erzählte sie am Abend, erst mit Geflügelwürstchen sei er ins Haus zu locken gewesen. Untertags schickte sie Fotos von Teddy, wie er auf einem Perserteppich liegt und schmachtend nach draußen schaut. Wo bringt man einen Hund tageweise unter, wenn beide Erwachsenen außer Haus und die Kinder in der Schule sind? Dogwalker nehmen ihn nur für ein paar Stunden, die Freunde haben weder Zeit noch Erfahrung mit einem großen Hund. Da schien die Tagesmutter eine gute Lösung zu sein, aber dann stürzte sie, als wir Teddy abholten, in der stürmischen Unübersichtlichkeit und die Anfälligkeit dieses Betreuungsmodells wurde schlagartig klar. Inzwischen haben sich mit der Coronapandemie die Umstände dramatisch geändert. Alles ist immer im Fluss.

Teil 2

An der Schnauze des Hundes haftet Schnee und in seinem Barthaar hängen Eiszapfen. Nur sein Hecheln und das Gleiten meiner Skier sind zu hören. Zwanzig Zentimeter Neuschnee sind gefallen, so viel Schnee wie lange nicht mehr in Berlin. Ich habe mir eine Langlaufausrüstung geliehen und bin mit Teddy im Wald. Er pflügt sich abseits der Wege durch den Tiefschnee, stürmt so ausgelassen voran, dass rechts und links von ihm feiner Schnee hochwirbelt und ihn pudrige Wolken umhüllen. Er schnüffelt an Spuren von Wildtieren und schleckt gierig Schnee. Je tiefer wir in den Wald gelangen, desto stiller wird es. Über Stunden sehen wir keinen Menschen, ich fühle mich wie ein Trapper in Alaska, und Teddy erlebt die Freiheit eines Wolfes, so stelle ich mir das jedenfalls vor. Am Abend verfärben sich die Fußnägel meiner großen Zehen dunkelviolett, die geliehenen Schuhe waren eine Nummer zu klein.

Schon wenige Tage später steigen die Temperaturen. Im Wald fließen glitzernd kleine Bäche hangabwärts, darin lustlos die Schnauze des Hundes, er vermisst den prächtigen Schnee. Auch ich wünsche ihn mir zurück. Die Skitour hat die Gleichförmigkeit des winterlichen Lockdowns unterbrochen und uns beide erfrischt, ein unverhofftes Glückserlebnis inmitten der Pandemie.

Auch im Leben mit dem Hund markiert die Pandemie eine Zeitenwende. Als Welpe und ungestümer Junghund hatte Teddy für Turbulenzen gesorgt, während sich die Welt draußen weiterdrehte wie gewohnt. Jetzt ist es umgekehrt: Mit dem Coronavirus ist die äußere Welt aus den Fugen geraten und das Tier sorgt in der Familie für Stabilität. Sein unerschütterliches Wesen gleicht das Durcheinander immer neuer Informationen, Meinungen und Nachrichten aus. Der Hund ist Sinnbild für Stetigkeit in einer verunsichernden Zeit.

Teddy ist jetzt drei Jahre alt und die Zeit seiner Pubertät vorüber. Seine stürmische Neugier ist Abgeklärtheit gewichen. Er schläft morgens lange und muss nicht vor zehn Uhr raus. Er fürchtet sich vor ferngesteuerten Spielzeugautos, aber nicht vor anderen Hunden. Auch dem übelsten Kläffer nähert er sich mit stoischem Gleichmut und wohlwollendem Interesse. Nur selten ertönt ein Bellen oder gar Knurren von Teddy. Er schweigt in fast allen Lebenslagen und wirkt dadurch unendlich weise.

Unser Hund ist sehr intelligent – und unverändert ein wildes Tier, das jederzeit zubeißen kann. Kürzlich hat er nach mir geschnappt und ist dann unaufgefordert an die Stelle getrottet, wo früher der Knast war. Der Grat zwischen Vermenschlichung und dem Anspruch, ihn ein Tier sein zu lassen, bleibt weiterhin schmal.

In den ersten Jahren hat sich meine Beziehung zum Hund in dem Maße entwickelt, wie sie biologisch vorgezeichnet ist: Mit jeder neu gemeisterten Phase – Stubenreinheit, Sozialisierung, Pubertät – sind wir uns ein Stück nähergekommen. Oft fühlte sich das wie die Kraftanstrengung einer Dompteuse an. Jetzt beginnt eine Zeit der Tiefe. Dass sie ausgerechnet mit der Pandemie zusammenfällt, ist für unsere Familie ein Glücksfall. Früher verschwanden Verabredungen zum Hundespaziergang mit Freunden zwischen Dutzenden anderen Terminen, das Tier lief irgendwie mit. In Zeiten des verordneten Rückzugs aber, wenn schon der Gang zum Altglascontainer ein Ereignis wird, das die Monotonie des immer gleichen Alltags angenehm durchbricht, strukturiert der Hund den

Alltag. Er sorgt für Abwechslung in der Isolation, hält uns in Bewegung, jeden Tag wieder neu. Auch für Teddy zahlt sich der gesellschaftliche Stillstand aus: Durch Homeschooling und Homeoffice bleibt er keine Minute allein.

»Hey, Schwarzer, lass uns gehen«, sage ich an einem regnerischen Märztag mehr zu mir selbst als zum Hund. Der hat bereits in dem Moment, als ich meine Turnschuhe in die Hand nehme, begriffen, dass wir in den Wald fahren. Als Zeichen seiner Zustimmung quetscht er sich wedelnd zwischen meinen Beinen durch und springt aufgeregt zwischen seinem Hundeplatz und der Haustür hin und her. Ich beneide ihn um seine Vitalität. Meine eigene Zuversicht hat nach einem Jahr Pandemie gelitten und eine diffuse Erschöpfung breitet sich aus. Anfangs habe ich noch die Abwesenheit von Flugzeugen am sternenklaren Himmel bestaunt, doch jetzt, zum Ende des zweiten langen Lockdowns, fühle ich mich in der verwaisten und verstörend ruhigen Stadt wie die Protagonistin eines dystopischen Romans.

»Welcher Wochentag ist heute?«, frage ich auf der Fahrt zum Waldparkplatz rhetorisch den Hund. Mein Berufs- und mein Privatleben laufen durchs Homeoffice übergangslos ineinander, die Tage verlieren Konturen, die Zeit stagniert nach meinem Gefühl. Ziehe ich am Ende solch ermüdend gleichförmiger Tage Bilanz, dann hat mir oft jene Stunde das größte Wohlgefühl verschafft, in der ich Teddys Fell so lange Strähne um Strähne ausgekämmt habe, bis ein dickes Knäuel Filzhaare neben uns auf dem Boden liegt. Ich mag sein Seufzen, wenn ich an ihm herumfuhrwerke, und die Nähe, die dabei entsteht (meist entdecke ich erst beim Kämmen wunde Stellen und Verletzungen, die meinem Blick sonst entgehen). Auch das Gefühl, dem Neuen Raum zu geben, indem ich tote Materie beseitige, behagt mir sehr – ein Gefühl, das ich auch beim Gärtnern im Frühjahr mag.

In den langen Wintermonaten haben wir unser Viertel kaum verlassen, auch der Adventsbesuch meiner Mutter aus München fiel zum ersten Mal aus, seit die Kinder auf der Welt sind. Infektionsschutzverordnungen regeln jetzt das Zusammenleben von uns Menschen, und wann der Spuk ein Ende haben wird, ist ungewiss.

Als ich auf dem Parkplatz die Heckklappe öffne, hält Teddy erwartungsvoll seine Nase in den Wind. Mit vibrierenden Nasenlöchern saugt er ein, was an Duftmarken seiner Artgenossen in der Luft hängt. Schon zu normalen Zeiten parken hier jeden Tag Dutzende Dogwalker ihre Transporter – leicht zu erkennen an Aufschriften wie »Rumpelpfote«, »Hauptstadthunde« oder »Gassiservice Leinenlos« – und führen ihre Gruppen aus. Auch viele Autos mit Gitterstäben zwischen Sitzbank und Kofferraum sind zu sehen, mit Hundepfoten-Aufkleber auf der Heckklappe.

In der Pandemie hat sich die Zahl der Hunde, die hier durch den Wald laufen, vervielfacht, es müssen täglich Hunderte sein. Ein Hundeparadies. »Okay«, signalisiere ich Teddy, dass es losgeht, und als er federnd auf den Boden springt, schiebe ich ein »Lauf!« hinterher. Schon ist er weg, nimmt mit der Nase am Boden Witterung auf.

Unser Spaziergang folgt einer Routine, fast immer gehen wir den gleichen Weg, so auch heute. Etwa auf halber Strecke machen wir bei einem umgestürzten Baum halt, er liegt abseits des Wegs im Unterholz. Flink wie eine Großkatze springt Teddy auf den mächtigen Stamm, ganz gleich, ob er verschneit oder trocken ist, oder, wie jetzt, regenfeucht glänzt. Mit einem Leckerbissen als Anreiz führe ich ihn über den Stamm, und als wir beim Wurzelballen ankommen, umarme ich ihn. Dann lege mich rücklings aufs Holz, den Blick nach oben in verästelte Baumkronen gerichtet, die schwarz und blattlos sind. Den Hund irritiert das, er stupst mich mit der Schnauze an, will weitergehen.

Waldspaziergänge dauern jetzt länger als früher, denn ich bin offener für kleine Schwätzchen, bleibe bei Zufallsbegegnungen mit anderen Hunden und ihren Haltern bereitwillig stehen. Hundebesitzer sind einander in der Parallelwelt, die sie gemeinsam teilen, ohnehin zugetan und in der Pandemie, so scheint es, rücken sie noch enger zusammen. Wir sind Komplizen in einer schicksalshaften Zeit und schätzen die unverdeckten Gesichter, denn anders als beim Einkaufen herrscht hier draußen keine Maskenpflicht.

Smalltalk, der über die Hunde ausgelöst worden ist, dehnt sich ins Persönliche, man teilt Geschichten. Zum Beispiel erfahre ich, dass die athletische Mischlingshündin, die Teddy beharrlich von ihrem Hinterteil abschüttelt, aus einem Urlaub in Spanien mitgebracht worden ist. »Wir hatten nie vor, uns ein Haustier anzuschaffen, aber dann ist uns dieser Welpe begegnet, eingeklemmt in einer Mauerspalte. Er war unterernährt und verängstigt, wir haben ihn einfach mitgenommen.« Inzwischen ist die Hündin neun Jahre alt und so fröhlich verspielt wie ein Jungtier. Ihre Besitzer haben aus reiner Empathie gehandelt und eine Menge Unannehmlichkeiten auf sich genommen – die Bürokratie, die Tierarztkosten! –, um ein Lebewesen zu retten. Solche Geschichten zu hören, tut gut.

Auch menschliche Schicksale blitzen hinter Hundegeschichten auf. Als Teddy beharrlich einen Irischen Terrier anstupst, den ein älterer Herr mit schlohweißem Haarschopf an der Leine führt, lege ich ein gutes Wort für ihn ein: »Keine Sorge, er ist zwar groß, aber sehr sanft.« Auch der Weißhaarige spricht mit Sympathie vom eigenen Hund. Der springe mit Anlauf aus dem ersten Stock hinunter in den Garten, wenn es da eine Katze zu vertreiben gelte. Vor allem aber habe die Hündin namens Hazel Empathie bewiesen. »Als meine Frau nach einer Querschnittslähmung erstmals mit dem Rollstuhl auf die Terrasse gefahren werden konnte, stand der Hund draußen und wedelte vor Freude mit dem Schwanz. Er konnte nicht wissen, was dieser Moment für meine Frau bedeutete. Er hat es gespürt.«

Teddy ist zwar furchterregend schwarz und groß, doch viele Menschen beginnen zu lächeln, wenn er ihnen auf seinen dicken Pfoten entgegenkommt. Sogar die Vorschulkinder, für deren Picknick sich Teddy brennend interessiert, weichen nicht zurück, als er herantrabt. »Darf ich mal streicheln?«, fragt ein vorwitziges Mädchen und Teddy lässt es sich geduldig gefallen, wie sie an seinem Nackenfell zerrt. Überall scheint er seine Umgebung auszuleuchten und Schönes zum Vorschein zu bringen. Hässliches auch. Letztens zum Beispiel sind wir im Wald einem Mann mit zwei Doggen über den Weg gelaufen. Die Hunde liefen neben ihrem Herrn artig bei Fuß. Als Teddy sich näherte, brüllte der Mann: »Rufen Sie sofort ihren Hund zurück!« Nichts Alarmierendes war geschehen und die drei Hunde schienen gut miteinander auszukommen – und trotzdem wurde eine Begegnung herrisch untersagt. Als Teddy nicht sofort kehrtmachte, drohte der Mann mit erhobener Leine, ihn zu schlagen. Hundebesitzer wie ihn erfüllt es offenbar mit Genugtuung, die Schwächen anderer bloßzulegen. Sie wollen Macht demonstrieren. Ein anderes Mal habe ich die Situation in umgekehrter Form erlebt. Ein Hovawart beschnüffelte Teddy und folgte nicht, als sein Besitzer ihn zurückrief. »Ist schon in Ordnung, die beiden verstehen sich ja«, sagte ich noch, doch da verdrosch der Mann schon wütend seinen Hund.

Bevor ich entscheide, ob Teddy auf einen fremden Hund zugehen darf, schaue ich mir dessen Halter an. Wie kommuniziert er mit seinem Hund? Signalisiert seine Körpersprache Offenheit? Wirkt er feindselig? Früher, als ich noch keinen Hund hatte, habe ich bei Begegnungen mit anderen Menschen zuerst auf den Gesichtsausdruck geachtet und mir dann über Frisuren, Kleidung und andere Äußerlichkeiten ein Bild gemacht. Heute interessiert mich einzig, wie jemand mit seinem Hund umgeht.

Auf dem letzten Drittel des Weges kommt uns eine ältere Frau mit einem Spaniel entgegen. Beide gehen sehr langsam, der Bauch des Hundes schleift schwer über den Waldboden. Sein Leib ist geschwollen und ich frage, ob eine Wucherung der Grund für die Schwellung sei. Ein Tumor, bestätigt die Frau. »Den hatte er schon, als er zu mir kam. Da war er zwölf. Jetzt ist er 17. Er geht gern spazieren, und er sitzt gern auf dem Sofa. Was will man mehr.« Teddy schiebt neugierig seine Nase unter den Bauch des Spaniels, als ein Windhund heranprescht und seine Vorderläufe und seinen Oberkörper flach auf den Boden legt, während er das Hinterteil nach oben streckt: eine Aufforderung zum Spielen.

Kaum hat mein Hund Interesse gezeigt, ist der Windhund schon unterwegs und schlägt in rasendem Tempo Bögen um uns. Teddy läuft ihm hinterher, gibt aber nach kurzer Zeit auf und schleudert mit den Hinterläufen trotzig und frustriert einen Haufen Blätter in die Luft. Ich bin hier trotzdem der Boss, scheint er sagen zu wollen. Ob ich meinen Hund jetzt besser Zorro oder Gladiator rufen sollte? Gern möchte ich von ihm wissen, ob er lieber einen Namen hätte, der männlich klingt und einen starken Eindruck macht.

Sobald der Parkplatz in Sichtweite ist, nehme ich Teddy an die Leine. Bevor er in den Kofferraum springt, schüttelt er sich so kräftig, dass Spucke durch die Luft fliegt. Zu Hause nehme ich eine Pfote nach der anderen in die Hand und reibe mit einem Tuch die Walderde heraus. In solchen Momenten ist unsere Beziehung wohltuend greifbar und real. Mein Hund ist echt und er ist hier, kein Gedankenkonstrukt. Dann steige ich zwei Treppen hoch ins Dachgeschoss und setze mich an den Schreibtisch, kehre zurück in die Welt der abstrakten Ideen und der Vorstellungskraft.

Anders als die Waldspaziergänge kommt mir das Gehen im Viertel während des Lockdowns surreal vor. Es wirkt, als schiebe jemand Kulissen an uns vorbei, so statisch ist die Umgebung aus Stein, Asphalt und Beton. Zuweilen erlebe ich im Wohngebiet Verstörendes. Einmal kläfft mich beim letzten Gang des Tages spät in der Nacht jäh ein kleiner Jack Russel Terrier in einer Einfahrt an. Als ich hinschaue, sehe ich eine ältere Frau, die scheinbar bewusstlos in einer Garageneinfahrt liegt. Eine Leine liegt auf dem Boden, offenbar hat sie selbst gerade ihren Hund ausgeführt. »Hallo? Kann ich helfen?«, frage ich und dann kommt Bewegung in die Frau. Sie habe sich ausruhen müssen, erzählt sie, und dann sei sie eingeschlafen. Als ich sie nach Hause begleite, erzählt sie, dass sie fast achtzig ist und allein lebt. »Mein Sohn kommt ab und zu vorbei und macht Einkäufe für mich.«

Ein anderes Mal laufe ich in der Zeit der Ausgangsbeschränkungen mit Teddy abends an der Hundewiese vorbei, als plötzlich ein Polizeiwagen von der Straße abfährt und mit aufgeblendeten Scheinwerfern auf die Wiese rast. Im Vorübergehen hatte ich eine Handvoll Jugendliche gesehen, die sich rund um eine Parkbank versammelt und Musik und ein Sixpack Bier dabei haben. Jetzt steuert der Polizeiwagen in voller Fahrt auf sie zu und schlagartig verebbt das Gelächter, die jungen Leute laufen schreiend davon. Als ich an der Bank vorbeilaufe, sehe ich halbvolle Flaschen und frage mich, ob jemand aus den umliegenden Häusern die Polizei gerufen hat oder ob sie auf einer Kontrollfahrt war. Hoffentlich war es kein Denunziant, denke ich.

In der Zeit, als die Coronaverordnung nur Treffen von Menschen aus zwei verschiedenen Haushalten zulässt, bekunden auch jene Interesse am Hundespaziergang, die das Tier normalerweise kaltlässt. Plötzlich verabreden sich Freundinnen und Freunde, die in der Innenstadt leben, mit mir zum Gehen im Wald. Normalerweise verbringen sie ihre Zeit auf Vernissagen in Galerien, jetzt stehen sie im schwarzen Trenchcoat, Kunstfellweste und farbigen Sneakers vor meiner Tür. Wir führen Gespräche, für die sonst die Zeit fehlt. Wir lernen uns aus neuen Blickwinkeln kennen. Ein Freund zum Beispiel, dem ich lange Zeit für irgendetwas nachhaltig gegrollt habe, zeigt sich so innig mit dem Hund (und umgekehrt), dass ich ihm schlagartig alles verzeihe. Auf keinen meiner Freunde ist Teddy überraschend so fixiert wie auf ihn. Ohne je vorher Zeit miteinander verbracht zu haben, verbindet sie eine plötzliche Vertrautheit, wie ich sie aus Kindertagen kenne.

Ein anderer Freund ignoriert den Hund bei jedem Treffen aufs Neue (und umgekehrt), er weicht vor ihm zurück und verzieht abschätzig das Gesicht, scherzt über das Tier. Kein einziges Mal hat er Teddy bislang angefasst, schon der Gedanke, mit einem Tier eine Beziehung eingehen zu können, scheint ihm abwegig oder nicht der Mühe wert. Sein spöttischer Blick auf die Welt ist nicht neu für mich, aber erst sein Umgang mit dem Hund lässt ahnen, wie beengt seine Gefühlswelt ist.

Hunde sind ein Lackmustest für das Einfühlungsvermögen eines Menschen, denke ich oft. Sie legen gnadenlos offen, wie ausgeprägt die Soft Skills von jemandem sind. Dass mein Mann ein großer Humanist ist und sich von Mitgefühl leiten lässt, war mir auch schon ohne Hund bewusst. Aber wie umfassend seine Fürsorge tatsächlich ist, spiegelt erst sein Verhältnis zu Teddy. Mehr als sonst jemand in der Familie behält er jeden Tag im Blick, was der Hund frisst (und was nicht). Er registriert jede Veränderung im Verhalten des Tieres und reagiert auf kleinste Symptome. Wie eine schützende Decke breitet er seine Zuneigung über alle, die er liebt.

Morgens um halb neun sitzt Teddy in der Diele und starrt auf die Haustür. Ohne die Uhr lesen zu können, weiß er, dass Melanie, die Dogwalkerin, gleich ihren Hundebus vor dem Haus parken wird, um ihn abzuholen. Teddy kann das Motorengeräusch von Melanies Transporter zuordnen; auch wenn an anderen Tagen – Melanie kommt nur zweimal pro Woche – zufällig ein Auto gleichen Typs vorüberfährt, stellt er seine Ohren auf und horcht.

Es ist jeden Dienstag und Donnerstag derselbe Anblick: Noch bevor Melanie auf die Klingel drückt, springt Teddy in der Diele auf und drängt an die Tür. Aus dem Bus ist jetzt das Kläffen eines Hundes zu hören und Teddy beginnt voller Sehnsucht leise zu winseln. Als ich langsam die Haustür öffne, um ihn hinauszulassen, klopft seine Rute heftig gegen die Wand. Kaum ist die Tür nur einen Spaltbreit geöffnet, ist er schon draußen, umspringt Melanie wie ein Bock und tänzelt verzückt neben ihr zum Bus. Wie damals in der Anfangszeit löst ihr Anblick auch heute so unbändige Freude bei Teddy aus, dass sie ihn abwehren muss. »Lass das, Teddy!«, höre ich sie auf dem Weg zum Auto sagen. »Nein!« Als sie die Seitentür des Transporters aufschiebt und Teddy hineinspringen lässt, empfangen ihn die anderen Hunde laut kläffend. Es klingt nach Erregung und großem Spaß.

Thomas Mann hat das Leben von Hunden in seinem Klassiker »Herr und Hund« als Zustand andauernden Wartens charakterisiert – das Warten auf den nächsten Spaziergang im Freien. Dieses Warten beginne dann, wenn der Hund gerade ausgeruht ist vom letzten Spaziergang, und es setzt sich unendlich fort. Angesichts Teddys ekstatischer Freude über den voll besetzten Hundebus frage ich mich, ob es tatsächlich der reine Spaziergang ist, der Haushunde glücklich macht. Ist es nicht vielmehr die Gesellschaft anderer Hunde? Das Einverständnis mit den Artgenossen?

»Was wollen Hunde? Andere Hunde. Menschen sind bloß ein hundeähnlicher, schwacher Ersatz«, schreibt die Ethnologin Elizabeth Marshall Thomas. Jahrzehntelang hat Marshall Thomas mit einem Rudel Hunde zusammengelebt und auf diese Weise das

Leben der Tiere aus großer Nähe erforscht. Über ihre Erfahrungen und Erkenntnisse hat sie ein Buch geschrieben, es erschien 1993 unter dem Titel »The Hidden Life of Dogs« in den USA und stand dort monatelang auf der Bestsellerliste. »Das geheime Leben der Hunde«, wie das Buch in der deutschen Übersetzung heißt, hat auch dreißig Jahre später nichts von seiner Eindrücklichkeit verloren, ich habe es verschlungen wie kaum ein anderes Hundebuch.

Marshall Thomas, geboren 1932, hat eine ungewöhnliche Methode gewählt, um dem Wesen von Hunden gründlich auf die Spur zu kommen: Sie ließ ihren Hunden – zeitweise waren es elf – so viel Freiheit wie irgend möglich. Kein Mensch kümmerte sich je um die Erziehung der Tiere, die von Anfang an eigene Entscheidungen treffen durften. In den Siebzigerjahren – einer Zeit, in der man Hunde vielerorts noch prügelte, damit sie dem Menschen seine Alpharolle nicht streitig machen – war Marshall Thomas' Wohnhaus in einer Universitätsstadt an der amerikanischen Ostküste eine Art Summerhill für Hunde. In dem berühmten reformpädagogischen Internat Summerhill in England bestimmten nicht die Erwachsenen, sondern die Schüler die Regeln für ihre Erziehung. Sie durften selbst entscheiden, ob sie am Unterricht teilnehmen, Bier trinken und rauchen wollten oder nicht.

Thomas' Hunden ging es ebenso. Sie hätten sich alles Notwendige gegenseitig beigebracht, schreibt Marshall Thomas. Die Jüngeren hätten die Älteren nachgeahmt und von diesen etwa Stubenreinheit gelernt. »Alle Hunde kamen meist von sich aus, wenn man sie rief, und verweigerten dies nur, wenn unsere Wünsche mit etwas kollidierten, was ihnen außerordentlich wichtig war.« Im Zentrum ihrer Erzählung steht der Huskyrüde Misha. Als er manchmal tagelang verschwindet, folgt Marshall Thomas ihm nachts auf seinen Streifzügen. Misha orientierte sich beim Navigieren durch fremde Gebiete an Gerüchen in der Luft, so wie Fische sich am

Geschmack von Strömungen im Meerwasser orientieren, so ihr Eindruck. Als der Hund seine Verfolgerin entdeckt, gibt er einen kurzen Moment seine Augen-voraus-Haltung auf und wirft ihr über die Schulter einen »raschen und liebenswürdigen« Blick zu. Marshall Thomas hat ihr Ziel erreicht: »Ich wollte, dass er mich ansieht, und zwar von Hund zu Hund. Ich möchte, dass ein Hund mich anschaut und nicht ein anderes, sondern ein verwandtes Wesen sieht.«

Das Buch von Marshall Thomas bestätigt mich in dem Eindruck, dass aus Sicht des Hundes keine Menschenliebe – egal, wie hingebungsvoll sie auch sein mag – das Zusammensein mit anderen Hunden aufwiegt. Ein guter Grund, auch in den Pandemiejahren die Dogwalker-Termine beizubehalten – obwohl es auch innerhalb der Familie keinen Mangel an ausführwilligen Menschen gibt. Ständig möchte jemand mit Teddy gehen. Er verkörpert im Schatten des heimtückischen Coronavirus die intakte, freundliche Seite der Natur, verströmt unbändige Lebensenergie in einer Zeit des erzwungenen Innehaltens. Jeder Gang mit ihm ist eine willkommene Auszeit.

Drei intensive Jahre Hundetraining habe ich gebraucht, um meinen Hund ansatzweise zu verstehen. Wir sind innig miteinander verbunden, aber Teddy sieht kein verwandtes Wesen in mir, da mache ich mir keine Illusion. Einen liebenswürdigen Blick wie Marshall Thomas ihn von Misha bekommen hat, wirft Teddy mir vor allem dann zu, wenn ich ein Stück Käse in der Hand habe. Zudem lebt er nicht frei und selbstbestimmt wie Misha und sein Rudel. Selbst wenn ich es wollte, könnte ich ihn dort, wo wir leben, nicht einfach Hund sein lassen. Offiziell angemeldet sind im Jahr 2021 in Berlin rund 118 000 Hunde, mit den illegalen sind es geschätzt sogar 200 000. Ein Tier in der Stadt zu halten, unterliegt strengen Regeln. In Fußgängerzonen und öffentlichen Gebäuden beispielsweise müssen Hunde an einer Leine geführt werden, die höchstens einen Meter lang ist, so die Vorschrift. Hundekot muss natürlich vom Halter eingesammelt und entsorgt werden. Große Hunde brauchen im Nahverkehr ein eigenes Ticket, Kampfhunderassen wie Pitbulls einen Maulkorb. Auf Kinderspielplätzen herrscht ein generelles Hundeverbot und im gesamten öffentlichen Raum gilt Leinenpflicht, so schreibt es das Hundegesetz der Hauptstadt – eins der strengsten im ganzen Land – vor. Davon ausgenommen sind einige spezielle Auslaufflächen und zwölf Waldgebiete. Um Teddy auf der Hundewiese in unserem Viertel frei laufen zu lassen, müsste ich eigentlich einen Hundeführerschein machen, also nachweisen, dass ich meinen Hund unter Kontrolle habe. Tatsächlich aber kenne ich keinen Menschen, der die Prüfung absolviert hat. Gleichwohl sind alle Hundehalter darauf bedacht, es sich mit ihren Mitbürgern nicht zu verscherzen. Manche gehen sogar so weit, die Häufchen fremder Hunde einzusammeln, damit im Viertel schlechte Stimmung gar nicht erst aufkommt.

Gelegentlich kollidiert die Welt der Hundebesitzer mit der restlichen Welt. In meiner Gegend gab es vor einigen Jahren Streit, als die Bezirksbürgermeisterin beschloss, Hunde an den Uferwegen zweier beliebter Seen im Viertel zu verbieten. Ein paar Monate lang durften Spaziergänger ihre Hunde auf den Wegen nicht mal an der Leine mitführen, dann wurde die Bestimmung vom Verwaltungsgericht gekippt. Ein Anwohner – Jurist und Besitzer eines Ungarischen Vorstehhundes – hatte geklagt. Auch eine Bürgerinitiative war gebildet worden und Tausende aufgebrachter Hundebesitzer hatten am See demonstriert. Menschen mit Hunden und Menschen ohne Hunde standen sich wütend gegenüber.

Als Haustier in der Großstadt Berlin steht Teddy zwischen seiner Menschenfamilie und den Artgenossen. Und auch ich habe oft das Gefühl, mich zwischen zwei Welten zu bewegen: einer Innenwelt, die ich mit anderen Hundebesitzern teile und in der ich nichts erklären muss, und einer Außenwelt, in der Menschen ohne Hund irritiert vom Aufwand sind, den ich für den Hund betreibe. Sie tun das nicht abschätzig oder wertend, sondern können schlicht nicht nachvollziehen, warum man die Mühe auf sich nimmt. So wie ich es nicht nachvollziehen konnte, bevor ich einen Hund bekam.

»Teddys Leben ist genial. Er liegt die ganze Zeit nur da und horcht, wo wir sind«, sagt mein Sohn. Als Abiturient ist er auf dem Sprung in die Eigenständigkeit, und ich glaube, kurz bevor er sein geschütztes Nest verlässt, reizt ihn die Genügsamkeit der Hundeexistenz. In der Pandemie bringt Teddy uns enger zusammen, als wir es je waren. Er verdichtet die Familie, verfugt die Ritzen. Wir Eltern liegen jetzt oft mit den Kindern auf dem Boden und verknäulen uns mit dem Hund. Rufen uns gegenseitig zu, wie reizend er gerade wieder aussieht. Sprechen über den Hund, wenn andere Themen gerade schwierig sind, und finden Gelegenheit für gute Gespräche, wenn wir gemeinsam mit ihm unterwegs sind.

DER (IN DIE SCHWEIZ) REISENDE HUND

An einem sehr heißen Sommertag schauen wir in einem Tübinger Hotelzimmer auf meinem Laptop einen Film. Kein Luftzug ist zu spüren und eine lähmende Schwüle hat sich über die Stadt gelegt. Wir liegen apathisch in Unterwäsche auf dem Bett, auf dem Boden daneben liegt der hechelnde Hund. Sein Brustkorb hebt und senkt sich in rasendem Tempo, er hält den Kopf erhoben und starrt geradeaus an die Wand. Auch als ich vor ihm in die Hocke gehe und seinen Kopf Richtung Boden ziehen will, bleibt er aufrecht sitzen. Weder ein beruhigendes »Schhhh« noch ein energisches »Platz, Teddy!« motiviert ihn zu einer entspannten Haltung. Dann schleppt er sich plötzlich ein paar Meter durchs Zimmer in Richtung Bad, lässt seinen schweren Körper auf die Schwelle fallen und seinen Kopf auf die kühlen Fliesen sinken. Kurze Zeit bleibt er so liegen, scheinbar ruhig.

Wir sind auf dem Weg in den Familienurlaub, zum ersten Mal gemeinsam mit Hund. Es ist der zweite Pandemiesommer, und obwohl etliche Einschränkungen bereits aufgehoben sind, haben wir uns bewusst für eine Reise mit dem Auto entschieden. Die individuelle – von Flughäfen, Abflugzeiten und Menschenmengen unabhängige – Art der Fortbewegung fühlt sich gut und richtig an.

In den Jahren zuvor hatten wir den Hund stets in Pension gegeben, wenn wir verreisten, oder jemanden im Haus einquartiert, der sich um ihn kümmerte. Im ersten Sommer schien die Tierpension noch eine gute Lösung zu sein, denn die Betreiber schickten uns Handyvideos, auf denen Teddy träge unter einem Sonnenschirm im Brandenburgischen lag oder mit anderen Hunden in einem Becken planschte. Die kleinen Filme waren der Höhepunkt unseres damaligen Italienurlaubs, wir schauten sie wieder und wieder an.

Doch die Bilder waren trügerisch, denn im nächsten Jahr kam der Hund lahmend und mit chronischem Durchfall aus der Pension zurück, zudem war er überreizt und schlecht gelaunt wie ein Grundschulkind nach einer Klassenfahrt. Offenbar hatte es zwischen den Rüden Reibereien gegeben, womöglich war Teddy gebissen worden und das hatte eine Entzündung im Gelenk nach sich gezogen – was auch immer ihn beeinträchtigt hatte, es ließ sich nicht aufklären (und war vermutlich der Preis, den man zahlen muss, wenn man seinen Hund zusammen mit zehn anderen Hunden aller möglichen Rassen und Temperamente in zwar fachkundiger, aber fremder Obhut lässt). Auch was er Falsches gefressen hatte, ließ sich nicht rekonstruieren. Wir hatten ihn mit einem großen Sack seines üblichen Futters in der Pension abgegeben – aber vermutlich fand er das, was in den anderen Näpfen lag, spannender. (So wie ein Schulkind seinen Rohkost-Snack ohne zu zögern gegen die ungesunde Milchschnitte einer Mitschülerin eintauschen würde.)

Auch bei Fernreisen ohne pandemiebedingte Einschränkungen bietet ein Hund von der Größe eines Berner Sennen nicht viel Spielraum bei der Wahl des Fortbewegungsmittels. Längere Zugfahrten fallen aus, weil man keine Pinkelpausen einlegen kann. Eine Flugreise müsste Teddy getrennt von uns im Frachtraum verbringen, und ihn aufzugeben wie ein Gepäckstück, kommt nicht infrage. Auch eine kürzere Schiffspassage müsste er in einer Box auf dem Autodeck verbringen. Bei einer Atlantiküberquerung mit dem Schiff würde er in einem speziellen Bereich für Tiere unter-

gebracht. Das ist zwar angenehmer als der Frachtraum eines Flug-
zeugs, aber eben doch ein Zwinger mit Fremdbetreuung und sehr
eingeschränkter Bewegung über Tage hinweg. Auf dem Kreuz-
fahrtschiff Queen Mary 2 gibt es neuerdings 24 Hundekabinen auf
der Route von Southhampton nach New York. Crewmitglieder versorgen die Tiere mit Futter und Wasser, führen sie auf einem kleinen Stück Rollrasen aus. Als Halter darf man sein Tier jederzeit
auf dem Haustierdeck besuchen, aber nicht in die eigene Kabine
mitnehmen. Natürlich ist eine solche Überfahrt purer Luxus – der
Hund kostet rund tausend Dollar extra pro Fahrt – und uner-
schwinglich für mich, von der Belastung durch einen möglicherweise see- und heimwehkranken Hund ganz abgesehen. Ich reise
gern in die USA, manchmal für längere Zeit. Schön wäre es, ich
könnte einmal meinen Hund mitnehmen. Ein Traum, der sich
vermutlich nicht erfüllt.

Diesen Sommer nun haben wir also beschlossen, statt wie üblich
in den Süden zu fliegen, mit dem Hund im Auto in seine geneti-
sche Heimat zu fahren: das Berner Oberland. Damit Teddy sich
auf der langen Fahrt von Berlin in die Schweizer Berge im Auto
ausstrecken kann – er soll ohne Kompromisse Urlaub von seinem
Hundeleben machen können – und wir zudem genügend Platz für
unser Gepäck (sowie Hundedecke, Hundefutter und Hundespiel-
zeug) haben, wurde für die Reise eigens ein größeres Auto gemie-
tet. Gut möglich, dass Größe und Farbe dieses Vans mit seitlicher
Schiebetür – ein Achtsitzer, bei dem sich die hintere Sitzreihe so
weit nach vorn verschieben lässt, dass der Hund im Kofferraum
viel Beinfreiheit hat – Teddy an Melanies Transporter vom Aus-
führservice erinnert: Als wir beim Autoverleih den Wagen geholt
haben, ist er so bereitwillig wie nie ins Auto gesprungen und erst
nach geraumer Zeit und allerlei Verlockungen wieder herausge-
kommen.

Wir fahren in zwei Etappen, um den Hund möglichst wenig zu strapazieren: Tübingen ist unser Zwischenhalt auf dem Weg und Schauplatz meiner ersten gemeinsamen Nacht mit Hund in einem Hotel. Als ich mich nach dem Einchecken zur Erfrischung unter die Dusche gestellt habe, hat es plötzlich energisch an der Zimmertür geklopft. Der Hund streife durch Küche und Restaurant, rief die Rezeptionistin des familiengeführten Landhauses aufgeregt aus dem Flur. Man möge ihn doch bitte an die Leine nehmen. Teddy war uns in einem unübersichtlichen Moment nach der Ankunft, als wir uns auf zwei Zimmer verteilten, entwischt. Anders gesagt: Die Erfahrung, mit Hund zu reisen, ist grundsätzlich eine neue.

Auch als es dunkel wird, lässt die schwüle Hitze nicht nach. In der Ferne zieht grollend ein Gewitter auf. Ich rede beschwichtigend auf Teddy ein und reibe ihn mit Eiswürfeln ab, doch es hilft nichts: Er bleibt aufrecht sitzen, hechelt und starrt blicklos geradeaus. Was braucht der Hund, wie kann ich ihm helfen? An diesem Abend erreiche ich ihn nicht.

Hunde und Kleinkinder lieben die vertraute Gleichförmigkeit häuslichen Lebens, sie schätzen keine Ortsveränderung (weshalb auch die Hundepension eine Strapaze ist). Auch in den Babyjahren der Kinder habe ich Urlaubsreisen als zusätzliche Anstrengung empfunden: Alles Eingespielte muss neu erobert werden. Mit Kindern ändert sich das irgendwann und man macht gemeinsam herrlich weite Reisen. Teddy jedoch ist längst kein Baby mehr und trotzdem setzt die Fahrt ihm zu. Ob sich das jemals ändert? Vielleicht, denke ich in der anstrengenden Tübinger Nacht, ist die Entscheidung, mit Hund zu leben, auch eine Entscheidung gegen die Moderne. Von dem großen pelzigen Tier ist nicht zu erwarten, dass es meinen rast- und ruhelosen Lebensstil übernimmt. Statt ihm meine Sehnsucht nach Veränderung aufzuzwingen, passe ich mich wohl besser seiner behäbigen Langsamkeit an, was ebenfalls eine Form der Veränderung ist (und womöglich auch eine Versöhnung).

Später am Abend bringt uns jemand aus dem Hotel einen Ventilator. Der kühle Luftzug beruhigt den Hund und zum ersten Mal an diesem Tag will er fressen. Das knackende Geräusch, als er lautstark eine Kaustange zerkleinert, dröhnt durch die Dunkelheit im Zimmer. Pure Freude. Dann verzieht sich Teddy auf die Fliesen im Bad, und wir schlafen ein. Irgendwann in der Nacht weckt mich ein Hecheln und ich spüre ein Barthaar auf meinem Gesicht. Der Hund prüft, ob ich noch da bin. Am nächsten Morgen begrüßt er uns fröhlich schwanzwedelnd. Die Nacht war trotz allem eine Erholung für ihn.

»Schaltet die Geräte ab und schaut euch die Landschaft an«, rufe ich den Kindern vom Vordersitz aus zu. Die beiden schauen Filme auf den Smartphones. Hinter den Fensterscheiben sind in der Ferne die Schweizer Alpen zu sehen, davor sattgrüne Wiesen und ein glitzernder See. »Was kann ich für Sie tun?«, fragt unvermittelt der Bordcomputer und ich bringe ihn hektisch zum Schweigen. Sogar hier noch, fern von Großstadt und Arbeit, kommen sich Technik und Natur in die Quere. Als wir das Berner Oberland erreichen, liegt Teddy flach ausgestreckt im Kofferraum und schläft.

Stunde um Stunde schrauben wir uns durchs Lauterbrunnental und weiter in die Berge hinauf. Dann erreichen wir auf 1500 Metern eine kleine Siedlung, die aus einer Handvoll Häuser und einigen wie Spielzeug über die Hänge verteilten Hütten besteht. Auch eine Bushaltestelle und die Bergstation einer Seilbahn gehören dazu, in die dunkelrote Bahnkabine passen acht Personen oder eine Kuh, steht angeschrieben. Eine Gaststube an der Bahnstation bietet kleine Gerichte und Kaffee an. Einen Lebensmittelladen gibt es hier oben nicht.

Am Ende der Siedlung steht ein Bergbauernhof, über dessen Gelände wir etwa fünfzig Meter talabwärts gehen müssen, um unsere Hütte zu erreichen – das Ziel der zweitägigen Reise. »Moment bitte, wir haben hier gerade ein Kuh-Drama«, hält uns die Bäuerin, eine junge Frau in Leggings und ockerfarbenem Leinenkleid, auf. Sie bewirtschaftet mit ihrem Mann den Hof, lebt hier, auf 1500 Meter Höhe, mit Großvater und anderthalbjährigem Sohn.

Eine Kuh aus Solothurn, die den Sommer hier oben verbringen soll, hatte Panik bekommen, als sie auf die Weide sollte, hören wir. Sie ist die Berge nicht gewöhnt und verlor die Nerven, als man sie auf den Hang führte. Kein menschlicher Zuspruch erreichte das verstörte Tier, das sich irgendwo weiter unten zwischen den Bäumen verkrochen hatte. Ein Helfer, der es einfangen wollte, brach sich den Fuß. Der Tierarzt wurde gerufen, womöglich muss er die ausgetickte Kuh erschießen, gerade trifft er auf dem Hof mit zwei Gewehren ein.

Zwischenzeitlich führt uns die Bäuerin zur Hütte. »Der ist geladen«, sagt sie und deutet auf den elektrischen Zaun, der die Weide eingrenzt. Das merke sich der Hund, wenn er ihn berühre, und werde kein zweites Mal drangehen. Als sie meine Irritation spürt – der Hund bekommt einen elektrischen Schlag! –, fügt sie hinzu: »Sterben wird er nicht.«

Zwei einheimische Kühe, imposante braune Tiere, kommen hergelaufen und beschnüffeln neugierig Teddys Hintern. Es behagt ihm nicht. Wir zwei verzärtelten Städter lernen in der robusten Bergwelt unsere erste Lektion.

Um die in den abschüssigen Hang gebaute Hütte zu erreichen, geht es ein Stück bergab durch hohes Gras. Der Hund, der bislang nur ebenerdigen Rasen kennt, wirkt einen Moment lang verwirrt. Aber plötzlich rennt er so schwungvoll den Abhang hinauf und hinunter, dass er kurz vor der Eingangstür schlitternd abbremsen muss.

Die 200 Jahre alte Hütte ist komplett aus Holz gebaut. Strom wird über Solarplatten erzeugt, und wenn das warme Wasser aufgebraucht ist, gibt es erst mal keins mehr. Man kocht auf den zwei Herdplatten eines Gaskochers und lagert verderbliche Lebensmittel in einem Vorraum, der an einer Seite offen ist und kühl. Abends wird ein Feuer im Kaminofen entfacht, aus im Schuppen selbst gespaltenem Holz. Durchs Fenster blickt man auf die Westseite des Jungfrau Massivs: Mächtig recken sich die schneebedeckten Gipfel von Eiger, Mönch und Jungfrau in den Himmel. Die abgeschiedene Lage vor dem grandiosen Bergpanorama verwandelt die einfache Hütte in einen magischen Ort. Am nächsten Morgen grasen direkt unterm Schlafzimmerfenster eine Handvoll Kühe, die Glocken um ihren Hals bimmeln bei jedem Schritt. Die Jungbauern und ein paar Helfer schneiden das Gras auf der Wiese vor der Hütte mit großen Sensen, sie arbeiten sich konzentriert und zielstrebig von unten nach oben den Hang herauf. Es ist Regen angesagt, und um Heu machen zu können, muss das Gras rechtzeitig eingebracht sein. Dort, wo nicht gesenst oder gemäht wird, wachsen Butterblumen, Vergissmeinnicht, Margeriten und Gänseblümchen, wächst Löwenzahn, Mohn und Schachtelhalm, Schafgarbe, Kamille und Klee. Ein Adler nimmt mit wenigen Flügelschlägen Fahrt auf und gleitet bewegungslos dahin. Über den Wiesen schwirren Bienen und Schmetterlinge, die Luft ist klar und würzig, in den Baumwipfeln rauscht der Wind, man hört eine Säge und in der Ferne einen Wasserfall – ein Idyll, das aus der Zeit gefallen scheint und in seiner Perfektion und Schönheit die ausgebrannte Großstädterin beinahe erschlägt. Sogar Plastiktüten für den Hundekot kann man gratis am Wegrand aus einem Automaten ziehen, was für ein gesegnetes Land.

Der Regen lässt eine Zeit lang auf sich warten, aber dann ziehen große schwarze Wolken auf und hüllen die Bergspitzen ein, legen sich bleischwer aufs Tal. Ein Gewitter entlädt sich krachend über

Hof und Hütte, bald riecht es nach nassem Holz. Draußen schlendert der Jungbauer mit seinem Sohn auf den Schultern den Weg entlang, das Wasser strömt dem Jungen übers Gesicht. Das Männli, wie sie den Kleinen hier nennen, liebe den Regen, sagt der Bauer, und beide sehen sie mächtig glücklich aus.

Nach zwei Tagen ist Teddy innerlich angekommen. Jetzt hat er sich an die abschüssigen Hänge gewöhnt und schlabbert Wasser direkt aus dem Bach. Beim Spaziergang springt er übermütig wie ein Bock durch die Wiesen, seine Hüften heben und senken sich wellenförmig wie die eines Schwimmers im Schmetterlingsstil im Gras. Er bewegt sich anders als in der Stadt, sicherer und agiler. Früher, als er im Wachstum war, waren wir tatsächlich besorgt, er könnte sich was brechen, wenn er im Wald ungestüm durchs Unterholz sprang. Heute, im Gebirge, erscheint dieser Gedanke abwegig, wenn man beobachtet, wie geschickt der Hund sein Gewicht auf die Läufe verteilt und wie leichtfüßig er durch die Gegend hechtet. Manchmal ist im hohen Gras nur Teddys aufgestellter Schwanz zu sehen, wie das Teleskop eines U-Boots ragt er buschig heraus. Oder er rollt sich auf dem Rücken zu einer Kugel, glückselig wie ein Kind.

Ob er hier so ausgelassen ist, weil sich etwas in ihm an seine Schweizer Urheimat erinnert? An das Dorf Dürrbach im Kanton Bern, wo seine Vorfahren auf abgelegenen Bauernhöfen Schafe zusammengetrieben und Milchkarren gezogen haben? Teddys Ahnen waren die Hunde der Bauern, deren Höfe auf den Hochlagen des Berner Oberlandes lagen. Die Hunde wurden für ihre Freundlichkeit und Treue den Menschen gegenüber geschätzt, auch für die Zuverlässigkeit, mit der sie ihre Arbeit verrichteten. Ihre Hauptaufgabe war es, das Vieh zu hüten und Gefahren zu melden, gelegentlich auch kleine Lasten wie etwa Milchkannen auf einem Wägelchen zu ziehen.

Bevor die Rasse Anfang des 20. Jahrhunderts etabliert wurde, betrieben die Bauern über Jahrhunderte hinweg eine Auslese, indem sie Hunde auf ihre Fähigkeit und ihren Nutzen hin aussuchten – also diejenigen behielten und vermehrten, die ihre Pflicht erfüllten und keine Probleme machten. Diese Auslese prägte im Laufe der Zeit das Erbgut der späteren Berner. Die Veranlagung zu hüten und zu bewachen, tragen Berner Sennenhunde noch heute im Blut.

Tierschutz im heutigen Sinne war bis Mitte des 19. Jahrhunderts unbekannt: Hunde, die den Erwartungen nicht entsprachen, wurden damals getötet. Um zu überleben, mussten sie funktionieren. Auf nutzlose Fresser konnte niemand Rücksicht nehmen, das Leben der Bauern war hart. Reine Begleithunde, wie wir sie heute kennen, galten als überflüssiger Luxus. Bis Mitte des 19. Jahrhunderts hatten die Vorfahren der Berner Sennenhunde keinen Namen. Sie waren im Dürrnbachtal als tüchtige Gebrauchshunde bekannt – und wurden wegen ihrer hellbraunen Zeichnung im Gesicht vorübergehend auch Gelbbäckler genannt oder, wegen der schmalen hellbraunen Zeichnung direkt über den Augen, auch Vieräugli.

Anfang des 20. Jahrhunderts wurden einige der Bauernhunde auf Ausstellungen in der Schweiz vorgeführt und 1907 beschlossen ein paar Liebhaber – darunter ein Zürcher Universitätsprofessor und Geologe namens Albert Heim –, einen einheitlichen Typ zu züchten und ihn künftig Berner Sennenhund zu nennen. Als Richter bei Hundeausstellungen begründete und förderte Heim mehrere Schweizer Sennenhund-Rassen. Er war ein fortschrittlicher Mann, heiratete beispielsweise eine Ärztin, die als erste Frau in der Schweiz eine eigene Praxis eröffnete. In der Hundezucht strebte Heim einen Haus- und Hofhund an, der nicht nur als gutmütiger Arbeitshund herausstach, sondern wegen seiner Schönheit.

So beginnt die Geschichte von Teddys Rasse. »Ist das nicht der mit dem Fässchen um den Hals?«, fragen immer wieder mal Leute, wenn sie ihn sehen. Aber das Fässchen gehört zum Bernhardiner, dem Schweizer Nationalhund, dessen offizielle Geschichte circa zwanzig Jahre früher als die der Berner Sennen begann. Ursprünglich wurden Bernhardiner ebenfalls als Lastenträger eingesetzt, entwickelten sich dann aber zu Suchhunden im Schnee.

Um das Fässchen ranken sich viele Legenden. Mal heißt es, es sei Schnaps darin gewesen, dann wiederum ist von einer Art Zaubertrank die Rede. Ob die Suchhunde tatsächlich so ein kleines Fass an einem Lederriemen um den Hals trugen, ist nicht letztgültig geklärt.

In den Bergen ist Teddy nicht nur beglückter als in Berlin – er zeigt sich zudem verantwortungsbewusster uns Menschen gegenüber. Die Veranlagung, zu hüten und zu bewachen, die in seinen Genen liegt, wird in dieser Umgebung verstärkt. Daheim im Grunewald zeigt er sich als Egoist – einer, der allein auf das eigene Vergnügen fixiert ist und mich austrickst, wann immer er kann. Hier oben ist er vor allem um uns vier als Gruppe besorgt, hält sie zusammen und hat jeden Einzelnen im Blick.

Einmal trennen wir uns während einer Wanderung – einer geht zurück ins Tal, drei steigen weiter auf. Der Hund bleibt wie erstarrt auf halber Strecke zwischen uns stehen, bewegt sich nicht vor und nicht zurück, scheint unfähig, sich zu entscheiden, wem er sich anschließen soll. Erst als die Aufsteigenden lange nicht mehr zu sehen sind, trottet er widerstrebend mit nach unten, ist sichtlich irritiert. Hier in der Schweiz kann er endlich zeigen, was in ihm steckt und was er Unvorstellbares kann. Als eins der Kinder einmal auf einen mannshohen Felsbrocken am Rande eines Wanderwegs klettert, springt der Hund beherzt hinterher. Wie eine Katze krallt er sich an den fast senkrecht abfallenden Stein und bleibt trotz der enormen Schwerkraft, die ihn nach unten zieht, mit seinem massigen Körper minutenlang daran kleben. Dann springt er ab, zurück auf festen Boden, weil er es nach oben auf das Felsplateau nicht schafft. Einen Moment lang wirkt er enttäuscht, aber das mag Einbildung sein.

Eine andere Wanderung führt uns hoch hinauf bis über die Baumgrenze. Der Himmel ist strahlend blau an diesem Tag, die Sonne brennt. Den Hund in seinem Pelzmantel strapaziert der Aufstieg, immer wieder sucht er Schatten unter einem Felsvorsprung und trinkt Wasser aus der mitgeführten Flasche. Wir machen viele Pausen und arbeiten uns langsam einen schmalen Pfad hinauf. Kurz vor dem Ziel, einem Bergsee, kommen wir an einem Schneefeld vorbei. Teddy wälzt sich freudig auf dem Rücken im körnigen Schnee, wie ein Wildschwein an einer alten Eiche schubbert er sich das Fell. Dann passieren wir einen Gebirgsbach und der Hund springt souverän ans andere Ufer, watet durchs Wasser zurück und trinkt schmatzend aus dem Strom. Wie langweilig die immer gleichen Gänge im Grunewald oder durch die Straßen rund um unser Haus für ihn sein müssen, denke ich. Wie wenig ihn das fordert.

Nach zwei Stunden Aufstieg leuchtet der See smaragdgrün aus einer Mulde heraus, eingebettet in glatten Felsen und Gras und bevölkert von kleinen flinken Fischen. Der Hund springt auf eine kleine Anhöhe und betrachtet den Bergsee von oben, gebieterisch wie Napoleon auf einem Feldzug sitzt er auf dem Stein und prüft mit erhobenem Haupt, was sich unter ihm erstreckt.

Ich möchte baden gehen und habe kaum einen Fuß ins eiskalte Wasser gesetzt, als Teddy herbeispringt und sich entschlossen vor mich ins Wasser drängt. Er setzt sich auf meinen Fuß und schnappt, als ich ihn beiseiteschieben will, ich gebe, gerührt von seinem Rettungsversuch, schnell nach. Wir setzen uns aufs Gras und teilen die Jause, der Hund frisst genüsslich Käse und köstlichen Schinkenspeck, der nach dem fordernden Aufstieg allen besonders gut schmeckt. Es sind Leckereien, die er unter normalen Umständen niemals bekommt, aber hier oben, nach der beherzten Rettung am Seeufer, fühlt es sich nicht wie Bestechung an, sondern wie der selbstverständliche Akt des Teilens einer Solidargemeinschaft. Es ist eine Mahlzeit unter Gleichen.

Plötzlich empfinde ich eine neue Form von Respekt für meinen Hund. Hier wirkt er viel autonomer als in Berlin. Lässt sich nicht bedienen und herumkommandieren, sondern handelt eigenverantwortlich und trifft Entscheidungen, die umsichtig sind. In der Stadt ist er dem Menschen automatisch unterlegen, weil er ohne ihn verloren wäre. Im Gebirge aber ist der Mensch nicht überlegen, denn hier sind Gewitter oder Steinschlag gleichermaßen bedrohlich für ihn wie für das Tier, dessen Instinkt im Zweifel sicherer ist.

In den Bergen, so scheint es, sprengt die freie Natur die Fesseln des Hundes und bringt ans Licht, was über die Domestizierung verloren gegangen ist. Hier oben hat Teddy sich vom bloßen Haushund-Dasein emanzipiert und zeigt sich von einer Seite, die Ehrfurcht und Bewunderung auslöst. Wir begegnen uns auf Augenhöhe, das Tier und ich, keiner ist dem anderen in Intellekt oder Emotion unterlegen, wir sind vom gleichen Rang. Nie war mir der Hund so nah wie in diesem Moment.

Knapp eine Woche lang bewohnen wir die Hütte und führen das einfache, naturnahe, analoge Leben, das aus der Perspektive des entkräfteten Städters als das eigentliche erscheint. Nur einmal gehen wir online, um zu sehen, wie die deutsche Mannschaft sich ins Achtelfinale der Europameisterschaft spielt. Und ein anderes Mal poste ich auf Instagram ein Foto des Hundes vor schneebedeckten Gipfeln, es ist ein Klischeebild wie aus der Werbung, das die Sehnsucht nach unbegrenzter Natur bedient. Doch der Reflex, sich wie zu Hause in der Stadt über Bilder und Oberflächen zu verständigen, hinterlässt in der Abgeschiedenheit der Berge ein schales Gefühl.

Nachts liegt der Hund in der Hütte auf dem Steinboden der Küche und seine Läufe zucken im Schlaf. Ob er jetzt davon träumt, durch die Wiesen zu springen? Den Gebirgsbach zu überqueren? Einmal werde ich mitten in der Nacht wach und taste mich auf dem Weg ins Bad durch die stockdunkle Diele. Plötzlich steht Teddy aufrecht neben mir, putzmunter und freudig wedelnd, als ginge es gleich raus.

»Was für ein schöner Hund«, ruft jemand bewundernd, als er an Teddy vorbeiläuft. Für die letzten beiden Tage unseres Urlaubs sind wir umgezogen in ein Hotel im Westen des Berner Oberlands, gönnen uns zum Abschluss gute Küche, einen Infinitypool mit Panoramablick und Komfort. Als seine Schönheit gepriesen wird, liegt Teddy in der Lobby ausgestreckt vor einem brennenden Kamin. Er wirkt wie ein ausgestopfter Löwe in einer afrikanischen Lodge, wie die Trophäe einer mondänen Großwildjagd. Äußerlich passt er gut hinein in das stilvolle Ambiente des Wellnesshotels, das, so steht es im Prospekt, »alpine Tradition mit moderner Eleganz« verbindet. Ein Ort mit Designermöbeln und Flatscreen-Fernseher in jedem Zimmer.

Bei der Urlaubsplanung hatte ich bewusst ein Kontrastprogramm zur Einfachheit der Hütte gesucht und dieses Hotel sofort gebucht, als ich auf der Website las, es sei »der perfekte Zufluchtsort, an den sich termingeplagte Menschen in aller Welt sehnen, wenn sie sich am Schreibtisch ihren Tagträumen hingeben«. Damals in der großen Stadt schien die Beschreibung genau meinen Bedürfnissen zu entsprechen, aber als wir unsere Zimmer beziehen – mit Koffern, an deren Rollen Kuhmist klebt – befremdet mich dieser scheinbar makellose Ort. Die Einfachheit der Hütte im Kopf, stoßen mich der künstliche Raumduft und die Hintergrundbeschallung mit Lounge-Musik ab. Auch an die vielen Menschen mit Gesichtsmasken – auf den Wanderungen und in unserem Bergdorf trug niemand eine – muss ich mich erst wieder gewöhnen, ebenso an die vielen Auswahlmöglichkeiten an der Bar und im Restaurant.

Den größten Zivilisationsschock aber erlebt der Hund. Im Zimmer sind zwei Näpfe und ein (viel zu kleines) Hundebett aus Kunstfaser für ihn hergerichtet, er nimmt beides knurrend zur Kenntnis, schnappt sich das weiche Bett mit den Zähnen, schüttelt es wild und verbeißt sich darin. Es wirkt wie ein Aufbäumen gegen die Kunstwelt, die ihn jetzt umgibt, ein wütender Protest. Eine Übersprunghandlung, in der sich seine Frustration über diesen sterilen Ort entlädt, an dem er in die Rolle eines dekorativen Accessoires zurückgeworfen ist. Jetzt ist er wieder Haushund, der an der Leine geht, statt frei über Blumenwiesen zu springen, ein Tier, das in Abhängigkeit lebt und seine Menschen doch so gerne bewahren würde vor Gefahr. Ich kann meinen Hund in diesem Moment gut verstehen. Auch mich überkommt heftige Sehnsucht nach der Unverfälschtheit der vergangenen Tage, nach Kuhglockengeläut und Kerzenlicht.

»Warum ist hier alles so extrem sauber?«, fragt mein Sohn, als wir auf der Rückreise halt in Bern machen, der im Mittelalter gegründeten Stadt, die der Rasse unseres Hundes ihren Namen gegeben hat. Wie Berlin hat auch Bern einen Bären als Wappentier und natürlich ist das Tier als Wahrzeichen überall in der Bundeshauptstadt zu sehen – als Brunnenfigur und Fassadenschmuck, auf T-Shirts, Fähnchen und Schokoladentafeln. Wie der Bär tritt auch der Berner Sennenhund als Schlüsselanhänger, Magnet und Schneekugel in den Souvenirshops in Erscheinung. Nicht jedoch in der Realität.

Ich hatte mir Bern als Ort voller großer Hunde vorgestellt, als eine Art Welthauptstadt der Berner Sennenhunde, und mir vorgenommen, Teddy ein Halsband zu kaufen, eines dieser Schweizer Lederbänder, die mit Kühen und Blumen aus Messingblech verziert sind. Geschäfte für Hundezubehör gibt es hier vermutlich an jeder Straßenecke, hatte ich erwartet, aber dann laufen wir stundenlang durch die Straßen und stoßen auf Geschäfte für Taschenmesser und Hanfprodukte, nicht jedoch für Tierbedarf. Kein Halsband, nirgendwo. Auch lebende Hunde sind an diesem Tag kaum zu sehen – abgesehen von einem Pudel mit sehr großem Kopf, einem Boxer mit Maulkorb und einem faltigen Mops. Reale Berner Sennenhunde sucht man in der Stadt vergebens. Teddys Anblick scheint die Menschen kaltzulassen, jedenfalls lächeln sie nur milde und schweigen, niemand reagiert so begeistert wie unlängst der Hotelgast oder die Spaziergänger im Grunewald.

In diesen Julitagen des zweiten Pandemiesommers haben die Kinos gerade wieder geöffnet, acht Monate lang hat die Schließung gedauert. Ich will unbedingt einen Film auf der großen Leinwand sehen, am liebsten jetzt gleich, hier in Bern. Und auch wenn es seltsam klingt: Erst in diesem Urlaub, im nunmehr vierten Jahr mit Hund, wird mir schlagartig klar, dass das auf einer solchen Reise nicht geht. Teddy kann weder irgendwo abgegeben oder allein gelassen werden, und mitnehmen können wir ihn schon gar nicht. Auch ein Museumsbesuch ist mit Hund nicht machbar, und das eindrucksvolle Berner Münster können wir nur von außen betrachten. Ich hadere nicht damit, sondern nehme es zur Kenntnis, einfach so.

Und noch etwas ist mir in Bern klar geworden. Mit ihren barocken Fassaden und mittelalterlichen Arkaden, den hellen Sandsteingebäuden und kopfsteingepflasterten Gassen wirkt die Altstadt wunderschön intakt, gleichzeitig strahlt sie aber auch eine unnahbare Kühle aus. Kaum ein Baum ist zu sehen, auch nach Parkanlagen muss man erst suchen, überall Asphalt, Stein und Beton – das strengt Teddy sichtlich an. In einem Café, wo wir draußen sitzen können, wühlt er plötzlich mit den Pfoten den Sandboden auf, und noch bevor ein Kellner an unseren Tisch gekommen ist, verlassen wir fluchtartig, schnell noch das vom Hund gegrabene Loch zuschüttend und die Erde festtrampelnd, den gastlichen Ort. Der Hund, daran besteht kein Zweifel, ist ungeeignet für die Stadt. Zu Hause am Stadtrand, unweit des Waldes, werden wir ihm möglicherweise gerade noch gerecht – hier in den Straßen der Schweizer Hauptstadt wirkt er verloren und fehl am Platz. Im Grunde, das spüre ich nach den unbeschwerten Tagen auf der Alm intensiv, ist Haustierhaltung für ein Wesen von Teddys Größe und Herkunft Quälerei. Man entfremdet es von seinen natürlichen Bedürfnissen, zwingt ihm (aus egoistischen Motiven) eine vermenschlichte Lebensweise auf. Was nicht heißt, dass der Hund unglücklich ist – im Gegenteil. Erst auf dieser Reise kann ich ermessen, was der Hund aufgibt, um bei uns Menschen zu sein. Und nicht nur er: Auch ich lasse mir von der überzivilisierten Welt eine Lebensweise aufzwingen, die mich von natürlichen Bedürfnissen entfremdet. Auch ich bin weniger frei, als ich bislang dachte. Teddy hat es mir durch die Reise in seine Heimat ermöglicht, eine Zeit lang im totalen Einvernehmen mit der Natur zu leben. Er hat eine Sehnsucht nach Ursprünglichkeit und Unverfälschtheit in mir gestillt und offenbart, die ich schon immer in mir trage. Er ist – wie das Alpenpanorama, die satten Wiesen, die Schokolade der Schweiz – Sinnbild für Reinheit und Güte.

Zurück in Berlin fällt auf, wie verbrannt die Wiesen sind und wie durchlässig der heimische Laubwald ist, wie lächerlich im Vergleich zum vielfältigen Mischwald der Schweiz. Ein paar Tage nach der Reise fragt mein Mann beim Hundespaziergang im Wald: »Bist du vielleicht schwermütig?«

»Geht so. Dass ich mit dem Buch nicht gut vorankomme, bedrückt mich. Die Achterbahn des Schreibens halt.«

»Ich habe den Hund gefragt«, sagt er mit einem Grinsen. »Vielleicht vermisst er die Schweiz. Vielleicht merkt er jetzt, wie tief in der Scheiße er hier eigentlich steckt.«

IST ES LIEBE ODER TESTOSTERON?

Es ist noch früh an diesem Sonntagmorgen, ich bin als Erste aufgestanden, das Haus ist ruhig. Der Hund schläft ausgestreckt auf dem Küchenboden, er öffnet träge ein Auge, als ich mir einen Kaffee mache, und rührt sich nicht. Nach einer Weile setze ich mich nebenan aufs Sofa, schlage meine Hände vors Gesicht und beginne zu wimmern. Zwei Türen und eine dicke Wand trennen Teddy und mich. Nimmt er meinen Schmerz trotzdem wahr?

Mein Wimmern ist gespielt, mir geht es blendend, dies ist ein Test. In einem Buch über die Hund-Mensch-Beziehung habe ich von einer Versuchsreihe gelesen, bei der Probanden aufgefordert wurden, ihren Hunden einen aufgewühlten Gemütszustand vorzuspielen, um das Mitgefühl der Tiere auf die Probe zu stellen. Genau das mache ich jetzt. Schon seit einiger Zeit frage ich mich, ob Teddy mich wirklich um meiner selbst willen liebt – oder ob er mir wegen der Vorteile zugetan ist, die ich ihm verschaffe.

Bei dem wissenschaftlichen Versuch wurden die Hundebesitzer aufgefordert, abwechselnd zu weinen und zu summen. Es zeigte sich, dass sich die Hunde den weinenden Menschen wesentlich öfter näherten als denen, die fröhlich summten. Eigentlich hätte ich also einen guten Grund für Zuversicht, aber trotzdem bin ich nervös. Ob Teddy mein Wimmern ungerührt lassen wird? Mal angenommen, er verweigert mir den Liebesbeweis. Wie wirkte sich eine solche Enttäuschung auf unser Verhältnis aus?

Ich wimmere lauter, schniefe und schluchze, steigere mich in die künstliche Verzweiflung hinein. Dann höre ich ein Tapsen. Mein Hund kommt aus der Küche durchs Esszimmer zu mir ins Wohnzimmer gelaufen, stupst mit der Nase meine Hände an, leckt mein Gesicht ab, reibt seinen Körper an meinem. Ganz eindeutig möchte er mich trösten. Ich umarme ihn und lege mein Gesicht auf seinen warmen Körper, überschütte ihn mit Koseworten. Natürlich kann ich mir immer noch nicht sicher sein, dass er echte Gefühle für mich hegt. (Und er sich nicht insgeheim denkt: Da hat sich die Alte ja wieder mal was richtig Dämliches ausgedacht, aber ich spiele mit. Fällt bestimmt was Leckeres bei ab.) Aber sein Trösten berührt mich tief. So überzeugend kann sich kein Hund verstellen, denke ich. Das ist echtes Gefühl.

Aber *kann* ein Tier überhaupt lieben? Sind wir Menschen nicht die einzigen Wesen mit der Fähigkeit zu fühlen und zu denken, zu sprechen und zu leiden? Liebesfähigkeit und Bewusstsein – vor allem das Bewusstsein, dass wir irgendwann sterben – stehen im Mittelpunkt dessen, was wir Menschlichkeit nennen. Wo also liegt die Grenze zwischen dem Menschlichen und der Vermenschlichung von Tieren? Lange Zeit wurden Hunde in der Rechtsprechung nicht mal als Eigentum definiert. Sie besaßen keinen einklagbaren Wert, wer sie stahl, verletzte kein Gesetz. Und erst seit 1990 gilt ein Tier juristisch nicht mehr als Sache. Seither hat sich eine Menge getan. In der »Tierschutz-Hundeverordnung« von 2001 ist beispielsweise geregelt, wie groß eine Schutzhütte mindestens sein muss, und dass ein Welpe frühestens mit zwei Monaten von der Mutter getrennt werden darf. Ein Gesetzesentwurf sieht vor, dass Hunde, nach schwedischem Vorbild, mindestens zweimal am Tag ausgeführt werden müssen – insgesamt mindestens eine Stunde. Das Recht, einen Hund halten zu dürfen, kann einem Menschen bei schlechter Führung entzogen werden. Es ist ein Privileg geworden.

Heute streiten sich Juristen, Biologen und Philosophen darüber, ob Tiere nicht auch einklagbare Rechte haben sollten statt nur, wie bisher, ein wenig Schutz. Ein eigenes wissenschaftliches Feld ist um diese Frage herum entstanden, die Human-Animal Studies. Eine Fachstudie aus diesem Bereich etwa stellt den Zusammenhang von Fleischkonsum und Männlichkeit dar. Auch der Frage, wie sich die Herrschaft über Tiere und ein hierarchisch geprägtes Geschlechterverhältnis wechselseitig bedingen, gehen die Wissenschaftler nach.

Eine andere Studie setzt sich damit auseinander, dass der Gebrauch natürlich erscheinender Gegensatzpaare wie Geist und Instinkt oder Essen und Fressen eine Trennlinie zwischen Mensch und Natur zieht; indem wir die abschätzigen Attribute jeweils den Tieren zuschreiben, definieren wir sie als etwas grundsätzlich anderes.

Erst vor ungefähr zweihundert Jahren hat man Tieren überhaupt zugesprochen, Schmerz empfinden zu können. 1822 wurde in England das erste Tierschutzgesetz verabschiedet (in Deutschland sogar erst 1933), wenig später entstanden erste Tierschutzvereine. Der »Vaterländische Verein zur Verhütung von Tierquälerei«, den ein deutscher Pfarrer 1837 in Stuttgart gründete, setzte aber weniger die Verbesserung der Lage der Tiere auf seine Agenda als vielmehr die sittlich-moralische Erziehung des Menschen. Sein Ziel war also rein anthropozentrisch.

Den Weg zur modernen Tierethik ebnete dann 1975 der australische Philosoph Peter Singer mit seiner Schrift »Die Befreiung der Tiere«. Der Mensch hat kein Recht dazu, ein Wesen deshalb geringer zu schätzen, weil es zu einer anderen biologischen Gattung gehört, argumentiert Singer. Er vergleicht diesen »Speziesismus« – die Ausbeutung von Tieren und die Selbsterhebung des Menschen über alle übrigen Lebewesen – mit Rassismus und Sexismus. Die Anhänger dieser Denkweise fordern, die Würde der Tiere in die Ethik einzuführen.

Wenn man mich fragt, besteht überhaupt kein Zweifel, dass mein Hund über eine große Würde verfügt. Definiert man Würde als Harmonie zwischen Sein und Geste, wie es die Autorin Gabriele von Arnim in ihrem wunderbaren Buch »Das Leben ist ein vorübergehender Zustand« tut, dann verdient Teddy die Bestnote. Sein Wesen ist aufrichtig, seine Erscheinung anmutig. Er schmeichelt sich nicht ein, zeigt keine übertriebenen Launen oder gar Stimmungsschwankungen. Er jammert nicht und ist nicht kapriziös.

Teddy hat Charisma, keine Frage. Allein schon seine Posen sind spektakulär. Er streckt auf dem Bauch liegend die Vorderläufe seitlich von sich und sieht aus wie ein Flugzeug, das gerade gelandet ist. Oder er schiebt sich rücklings mit den Hinterläufen an der Wand in eine Kerzen-Position hoch wie jemand, der Yoga macht. Seine Bewegungen sind trotz eines Gewichts von 45 Kilo elegant. Er springt leichtfüßig über Baumstämme oder hüpft graziös wie eine Ballerina durch Staudenbeete, während unter seinem Gewicht Pflanze um Pflanze knickt. Schlägt seine Vorderläufe übereinander wie ein Mensch beim Sitzen die Beine.

Und er hat eigenartige Macken. Wenn jemand in der Familie Geburtstag hat und wir Happy Birthday singen, bellt er aufgebracht und läuft gereizt im Kreis. Er knurrt Buddhastatuen im Freien an. Bellt in einem Film ein Hund, schaut er hinter dem Fernseher nach, ob sich da einer versteckt hat. Bekommt er einen Knochen, begrüßt er ihn mit fröhlichen Bocksprüngen und betrachtet ihn von allen Seiten. Wenn ihm alles zu viel wird, steckt er seinen Kopf unter das Hundebett, hinter einen Vorhang oder in einen Busch. Ist es ihm draußen zu heiß, verkriecht er sich unter Sitzbänken. Nähert er sich während des Essens verbotenerweise dem Tisch, dann dreht er den Kopf von uns weg und denkt, wir sähen ihn nicht, wenn er uns nicht ansieht. Manchmal starrt er minutenlang an eine leere Wand, als spiele sich dort Ungeheuerliches ab.

Wie konnte man jemals annehmen, dass ein solcher Hund kein Bewusstsein und keine Seele habe? Dass die Schreie von Tieren kein Ausdruck von Gefühlen sind? Doch genau diese Sicht schrieb der Philosoph Descartes im 17. Jahrhundert fest, als er Sprachvermögen mit Intelligenz gleichsetzte und Tiere zu Lebewesen degradierte, die wie Automaten funktionieren. Der Mensch wollte damals, in der Zeit der Aufklärung, mehr sein als ein Tier unter – von blinden Instinkten gesteuerten – Tieren und wandte sich der Vernunft zu. Zuvor waren Hunde sogar in den Innenräumen von Kirchen frei herumgelaufen, doch jetzt zog man eine feste Grenzlinie zwischen Mensch und Tier und erklärte den willentlichen Gebrauch der Vernunft zum bedeutendsten Unterscheidungsmerkmal. Und da man die Seele mit freiem Willen gleichsetzte, wurde dem Tier auch seine Seele abgesprochen.

Erst in der deutschen Romantik, ab etwa 1800, versuchte der Mensch die Distanz zum Tier wieder aufzugeben. Der auf Vernunft ausgerichteten Philosophie der Aufklärung wurde nun die Natur gegenübergestellt – und die Tierliebe erfunden. Seither glauben wir, uns vorzustellen zu können, was in unseren Hunden vorgeht. Und bilden uns ein, dass sie uns lieben.

Ist es tatsächlich Liebe, was Teddy und mich verbindet? Alles wäre so viel einfacher, wenn er sprechen und mir in aller Deutlichkeit sagen könnte, was er von mir hält. Einiges lese ich aus seiner Mimik ab: Er kann vorwurfsvoll schauen, auch fragend. Manchmal sieht es aus, als strecke er mir die Zunge raus. Oder er stellt sich auf die Hinterbeine und legt mir die Vorderläufe so energisch auf die Brust, als wolle er mir bedeuten: Lass endlich diesen albernen aufrechten Gang und geh runter auf alle viere.

Es wäre leichter, wenn er wenigstens lächeln könnte. Aber Hunde lächeln nicht. Manchmal, wenn er gähnt, bilde ich mir ein, das sei ein Lächeln. Dabei ist es ist nicht einmal ein Gähnen. Wenn der Hund sein Maul aufreißt und die Lefzen nach hinten zieht, signalisiert er Unsicherheit oder Erstaunen. Irgendetwas stresst ihn in diesem Moment und er reagiert darauf mit einer tiefen Einatmung.

Oft spreche ich Englisch mit Teddy, sage »Go!«, »Stop it« oder »Stay«. Ich nehme mir das nicht vor, die Worte fallen spontan. Es fühlt sich richtiger an, ein Tier in einer Sprache anzusprechen, die nicht die eigene Muttersprache ist. Manchmal ist mein Bedürfnis, etwas aus seinem Innern zu vernehmen, so groß, dass ich ihm die hohle Hand vor die Nase halte, um seinen Atem zu spüren.

Eigentlich überrascht es nicht, dass wir so wenig darüber wissen, wie Hunde denken und fühlen. Nachdem Pawlow um 1905 die klassische Konditionierung am Hund nachgewiesen und ihn als reine Reflexmaschine beschrieben hat, galten Hunde bestenfalls als Objekte, die man zum Schutz von Haus und Hof einsetzen konnte oder als Spielzeug für Kinder.

Das mechanistische Weltbild der Aufklärung, das Organismen durch physikalische und chemische Prozesse erklärt, hallte in der Verhaltensbiologie lange nach. Bis weit in die Mitte des 20. Jahrhunderts war es unter Wissenschaftlern tabu, Tieren kognitive Fähigkeiten und ein Bewusstsein über sich selbst zuzuschreiben. So wurde auch die Intelligenz des Hundes von der Wissenschaft lange Zeit ignoriert. Man tat ihn als degenerierten Wolf ab und forschte lieber mit Primaten und Ratten. Speziell in der Verhaltensforschung hat es lange gedauert, bis man das Phänomen der doppelten Beziehung ernst genommen hat – dass es also nicht nur eine Dominanz des Menschen gibt, sondern auch einen Prozess, der vom Hund zum Menschen verläuft. Anders als mit meinem Meerschweinchen Moppel, das ich als Kind gewissenhaft gepflegt und gefüttert habe, pflege ich mit Teddy eine echte Beziehung. Um herauszufinden, wer in dieser Beziehung welchen Part spielt, verschlinge ich meterweise Fachliteratur.

Das wichtigste Ereignis der neueren Forschung fand zu Beginn des Millenniums in Neuengland statt: 2004 wurde in Cambridge, Massachusetts, das gesamte Genom einer Boxerhündin namens Tasha entziffert. Und seit Wissenschaftler in der Folge die Genome von Menschen, Hunden und Wölfen verglichen haben, ist klar: Es gibt nur minimale Unterschiede im genetischen Code. Menschen sind dem Rest der Wirbeltiere viel ähnlicher als angenommen. Für ehemalige Tierskeptiker wie mich ist diese Erkenntnis wegweisend. Hatte ich mich noch vor Kurzem darüber gewundert, dass dem Hund vom Tierarzt die gleiche Wundheilsalbe (Bepanten) und die gleichen Augentropfen (Euphorbium) verschrieben wurden, die ich selbst nehme, begreife ich jetzt, dass viel mehr Tier in mir steckt, als ich dachte. Die Wissenschaft liefert mir Beweise, wie eng miteinander verwandt der Hund und ich tatsächlich sind. Und wie irregeleitet meine ursprüngliche Arroganz gegenüber Tieren war.

Mit der Genomentschlüsselung ist auch die Hundeforschung mächtig in Schwung gekommen. Die alte Auffassung, ein Hund reagiere nur auf Reflexe, ist komplett überholt. Einige Universitäten haben spezielle Dog Labs eingerichtet, die sich auf das Verhalten von Hunden fokussieren. Dort wurde ihnen zum Beispiel beigebracht, mit der Schnauze einen Touchscreen zu betätigen und Bilder ihrer Artgenossen von Landschaftsaufnahmen zu unterscheiden.

Es klingt verrückt, aber ausgerechnet ein Bericht über den US-Militäreinsatz 2011, bei dem Osama bin Laden getötet wurde, hat einen amerikanischen Wissenschaftler dazu gebracht, Hunde darauf zu trainieren, in Kernspintomographen still zu liegen. Als der Verhaltensforscher Gregory Berns im Fernsehen sah, dass mit den Soldaten auch ein Hund über Pakistan aus dem Helikopter sprang, dachte er sich: Wenn man es schafft, einen Hund an den Lärm eines Hubschraubers zu gewöhnen, kriegt man ihn auch in ein MRT.

Berns nahm die sehr lauten Geräusche auf, die Magneten in dem medizinischen Gerät erzeugen, und spielte sie seinem Hund, einem Terriermischling, zunächst bei niedriger Lautstärke vor. Innerhalb weniger Monate steigerte er die Lautstärke auf das reale Niveau und gewöhnte seinen Hund nebenbei über eine MRT-Attrappe an das (beim Menschen oft Platzangst auslösende) Innere des röhrenförmigen Geräts. Jetzt konnte er eine Karte des Hundegehirns erstellen und bildhaft darstellen, wie die Tiere auf verschiedene Reize reagieren. Anhand von Stofflappen mit dem Körpergeruch einer dem Hund vertrauten Person konnte Berns zeigen, dass ein Hund die Anwesenheit dieser Person als hochgradig belohnende Situation verarbeitet – sozusagen als Superleckerbissen. Seine Studien liefern Beweise aus der Tiefe des Gehirns des Hundes dafür, wie viel er sich aus uns Menschen macht.

Berns hat nachgewiesen, dass Gehirne von Hunden, wenn sie etwas Attraktives erwarten, genauso arbeiten wie die von Menschen. Andere Studien haben gezeigt, dass sich die Herzfrequenzen von Mensch und Hund synchronisieren, wenn sie zusammen sind: Ihre Herzen schlagen buchstäblich gemeinsam. Und Messungen der Botenstoffe im Hirn liefern Belege, dass der Oxytocingehalt ansteigt, wenn beide sich in die Augen sehen.

Eigentlich brauche ich keinen wissenschaftlichen Nachweis, dass bei meinem Hund und mir Glückshormone ausgeschüttet werden, wenn wir uns anschauen. Ich spüre das. Mir ist intuitiv klar, dass mein Hund sich etwas aus mir und den anderen Familienmitgliedern macht. Einmal haben wir seine Zuneigung sogar getestet. Auf einem Feldweg bekam der Hund den Befehl, sitzen zu bleiben, und mein Mann und ich haben uns in unterschiedliche Richtungen von ihm entfernt. Wir wollten sehen, wem Teddy nachlaufen würde – aber er blieb stur auf seinem Hinterteil sitzen und bewegte sich weder hierhin noch dorthin. Wie weise muss ein

Hund sein, dass er so neutral handelt und niemanden bevorzugt. Auch wenn eins der Kinder unglücklich ist, und Teddy ihm zum Trost mit der Nase ins Gesicht stupst, kann ich Zuneigung ganz ohne Bilder aus dem MRT diagnostizieren.

Und trotzdem bleibt ein Rest Misstrauen. Bin tatsächlich ich es, die der Hund liebt? Oder bin ich austauschbar für ihn? Auf der Suche nach belastbaren Beweisen für Teddys Liebesfähigkeit lande ich schließlich bei Clive Wynne. Als Besitzer eines Labradormischlings kennt der Verhaltensforscher Wynne aus eigener Erfahrung die stürmischen Begrüßungen und Begeisterungsbekundungen von Hunden gegenüber vertrauten Menschen. Wynne interessierte es, wie sich ausgerechnet aus dem menschenscheuen Wolf eine Tierart entwickeln konnte, die sich durch ihre emotionale Offenheit für eine andere Spezies auszeichnet.

Er habe sich in seiner Arbeit immer bemüht, eine klare Linie zwischen kühler wissenschaftlicher Beschreibung und der warmherzigen Charakterisierung von Tieren als emotionale Fellbündel zu ziehen, schreibt Wynne in seinem unlängst auf Deutsch erschienenen Buch »... und wenn es doch Liebe ist?«. Aus Sorge, von seinen Kollegen als gefühlsduselig verschrien zu werden, habe er sich lange Zeit vor der Hypothese gescheut, dass nicht die Intelligenz des Hundes ihn so gut mit Menschen auskommen lässt, sondern seine Bindungsfähigkeit. Bis ihn schließlich Experimente wie die von Gregory Berns dazu ermutigten, die Besonderheit des Hundes statt in seinem Verstand in seinem Herzen zu suchen.

Für die Arbeit an seinem Buch – im Original trägt es den schönen Titel »Dog is love« – besuchte Wynne alle möglichen Forschungslabore und erarbeitete eine Beweiskette, die belegt, dass der Hund von der Natur auf Liebe programmiert worden ist. Und diese Liebe bindet ihn nicht situationsbedingt an den Menschen, sondern ist ein Dauerzustand: Der Hund kennt – im Gegensatz zu uns Menschen – keine *empathy fatigue*.

Insbesondere hat sich bei mir eine Passage aus dem Buch eingebrannt, in der Wynne beschreibt, wie sich das Erbgut von Hunden während der Domestizierung verändert hat. So ist Genforschern eine Mutation aufgefallen, die einem Gen ähnelt, das beim Menschen für das Williams-Beuren-Syndrom verantwortlich ist, einen genetischen Defekt, der zwanghafte Freundlichkeit und Liebessucht auslöst. Wynne hält es für möglich, dass der Hund aus einer solchen Zufallsmutation im Genom des Wolfes entstanden ist. Seine These ist umstritten: Einige Forscher bezweifeln, dass einige wenige Erbanlagen oder gar nur ein einzelnes Gen die Ursache dafür sind, dass aus einem Wesen, das den Menschen einst pragmatisch ertrug, ein Wesen entstanden ist, das uns heute, wenn wir nur kurz in der Speisekammer verschwinden, beim Herauskommen so stürmisch begrüßt, als seien wir wochenlang verschwunden gewesen.

Natürlich prägt den Hund neben der Genetik auch die Umwelt. Teddys Gene machen es ihm nur *möglich*, andere zu lieben. Was ihn eigentlich lieben lässt, ist die Welt, in der er aufwächst. Ob er so in sich ruht, weil er es gut bei uns hat? Keine Frage, er ist ein verwöhnter Hund. Nicht, dass er übermäßig viel Fressen bekäme oder, was heutzutage durchaus üblich ist, wir ihm ständig neue Sachen kaufen. Aber er bekommt Zuneigung und Zärtlichkeit im Übermaß. Ist jemand aus der Familie verreist, fällt am Telefon mit Sicherheit der Satz: »Und wie geht's Teddy?«

Ich sollte an dieser Stelle erwähnen, dass mich längst nicht jeder Hund begeistert. Meine Tierliebe ist zwar allgemein durch Teddy exponentiell gestiegen, doch meine Zuneigung verteile ich nicht wahllos. Viele Hunde, denen ich begegne, finde ich ausdruckslos und andere Berner Sennenhunde nicht automatisch deswegen liebenswert, weil ich selbst einen habe. Manche von ihnen lassen mich vollkommen kalt. Kein Hund ist zwingend gut, nur weil er ein Hund ist – wie bei allen Individuen gibt es sympathische und weniger sympathische Exemplare. Auch das ist wissenschaftlich erwiesen: Zwischen Hunden der gleichen Rasse sind Unterschiede in der Persönlichkeit größer als zwischen Hunden verschiedener Rassen. Wenn also etwas bedeutsam für unsere Beziehung ist, denke ich, dann ist es Teddys Individualität.

Eine Freundin hat ihren Königspudel kürzlich unverblümt als Teufel bezeichnet. Obwohl sie bereits mehrere Hunde erzogen hat und Pudel als ausgeglichene Charaktere gelten, entpuppte sich dieser Hund als mehrfache Enttäuschung. Schon rein äußerlich kam etwas anderes zum Vorschein als erwartet: Das vormals helle Fell des Welpen veränderte sich nach einem Jahr zu einem schmutzigen Braun. Trotz konsequenter Erziehung fraß der Hund alles, was in Reichweite war: Salzmandeln, Obstkuchen, Neujahrskrapfen. Einer Person, die sich liebevoll um ihn bemüht hat, biss er unversehens in den Hintern, als sie sich abwendete. Immer wieder verhielt sich der Pudel so hinterlistig, dass man an seinem Charakter zweifeln musste.

Doch zeugt in diesem Fall das Verhalten des Hundes womöglich von überdurchschnittlicher Intelligenz. In besonders schlimmen Momenten sind in der Familie Sätze wie »Jetzt ist Schluss!« und »Der Hund muss weg!« gefallen. Der Hund habe das am Tonfall verstanden, glaubt die Freundin – und sein Betragen daraufhin geändert. Aus dem Teufel von einst ist ein umgänglicher Mitbewohner geworden. Zumindest vorübergehend.

Hey, *sweet boy*, begrüße ich Teddy, als er unerwartet hinter meinem Schreibtisch auftaucht. Das Dachgeschoss, wo ich arbeite, ist eigentlich tabu für den Hund, genauso wie die Schlafzimmer. Aber an diesem Tag, einem frostkalten Tag im Januar, lasse ich es mir gefallen. »Such dir einen schönen Platz, ja?« Teddy zieht schnüffelnd ein paar Kreise auf dem Dielenboden, lässt sich unvermittelt fallen und streckt sich mit einem Grunzen aus.

Kaum ist er im Raum, verändert sich die Atmosphäre. Wie ein Dämpfer, der die Klangfarbe eines Instruments verändert, nimmt der Hund seiner Umgebung jede Schärfe. Der stumme Gast in meinem Rücken wirkt entspannend wie das sanfte Wabern einer Lavalampe.

Dann höre ich ihn plötzlich würgen. Ich kenne dieses pumpende Geräusch vor dem Erbrechen, es alarmiert mich nicht, dem Hund liegt öfter mal was quer im Hals, ein Grashalm zum Beispiel, oder er hat etwas Falsches gegessen, dann kotzt er es aus. Ich drehe mich auf dem Stuhl sitzend um und springe auf, Teddy spuckt gelblichen Schaum. Alles gut, murmele ich beruhigend und knete seine Nackenfalten. Nach einer Weile bringe ich ihn runter in die Küche. Sein Stammplatz auf dem Steinboden scheint mir jetzt der bessere Ort als das Zimmer im Dachgeschoss.

Kaum habe ich oben auf den Dielen den Fleck weggewischt und mich wieder an den Computer gesetzt, wird es unten im Haus laut. Schön, denke ich, jetzt spielen sie mit Teddy. Die haben sicher Spaß miteinander. Dann höre ich meinen Mann plötzlich »Ilka!« rufen, es klingt nicht heiter, wie gewöhnlich, sondern überraschend ernst und dringend. Ein zweites »Ilka!«, und ich renne die Treppen hinunter in die Diele. Teddy liegt röchelnd auf dem Rücken. Er hat sich an etwas verschluckt und bekommt keine Luft, denke ich, und fasse ohne nachzudenken in sein Maul. Ich will ihn zum Würgen reizen, doch der Hund wendet sich keuchend ab.

Dann sehe ich Blut an seinen Lefzen und meine Gedanken überschlagen sich. Ich schreie: »Er stirbt!« Innerhalb von Sekunden läuft in meinem Kopf ein Horrorfilm ab: Er hat innere Verletzungen oder einen Magendurchbruch, mutmaße ich, beides kann tödlich sein. Teddy zu verlieren, hier und jetzt, diesen Schmerz will ich nicht erleben, auf keinen Fall. Dann beginnt der Hund plötzlich zu knurren und man sieht das Weiße in seinen Augen, das Tier hat jetzt einen irren Blick. Ist es Tollwut? Ein epileptischer Anfall? Was auch immer der Auslöser ist – ich kann das Verhalten des Hundes nicht mehr deuten oder lesen, er wirkt auf einen Schlag gefährlich und ist mir fremd.

Das Knurren wird bedrohlicher, mein Mann und ich wenden uns bewusst ab. Mir fällt ein, was Astrid Lutz, die resolute Hundetrainerin, mal erzählt hat: Lange Zeit habe ein Kunde seinen Hund falsch eingeschätzt und nichts Böses von ihm erwartet, bis ihn das Tier eines Tages überraschend in die Hand biss. »Es sind Bestien, keine Elfen. Man muss bei seinem Hund immer damit rechnen, dass er über einen herfällt«, hatte sie uns eingeschärft.

In einem kurzen Augenblick ist aus unserem süßen Hund ein zitterndes Monstrum geworden, vor dem man sich besser in Sicherheit bringt. Plötzlich scheint nicht nur der Hund in Gefahr, bedroht sind jetzt offenbar auch wir selbst. Wir weichen zurück. Aus zwei, drei Metern Entfernung umringen wir den Hund, auch unsere Tochter ist dabei. Teddy liegt zitternd auf dem Boden, wirft rastlos den Kopf umher und geht mit den Zähnen an sein Hinterteil. »Feiner Hund, alles gut«, versuchen wir ihn mit sanfter Stimme zu beruhigen, und immerhin knurrt er jetzt nicht mehr.

Ein paar Minuten später steht der Hund unvermittelt auf und torkelt umher, er buckelt und schüttelt sich. Dann steht er auf und macht ein paar Schritte, die so steifbeinig sind, als wären seine Hinterläufe Prothesen, an die er sich erst gewöhnen muss. Er schaut uns fragend an, ich deute seinen Blick als Missbilligung unserer Aufgeregtheit. Der Anfall endet so überraschend, wie er einsetzte.

Wir führen Teddy hinaus auf die Terrasse, damit er in der Kälte zu sich kommt. Er will sich niederlegen, doch irgendetwas hält ihn ab. Erst jetzt fällt mir auf, dass sein Penis erigiert ist. Eine Zeit lang läuft er ziellos durch den Garten, wirkt unsicher und verstört. Dann findet er endlich Ruhe und streckt sich auf der Terrasse aus, schließt die Augen und schläft ein. Der Spuk scheint vorbei.

Ich rufe die Tierärztin an, um herauszufinden, was los war. »Es könnte ein epileptischer Anfall gewesen sein, bringen Sie ihn vorsichtshalber vorbei«, sagt sie. Solche Anfälle seien bei Hunden nichts Außergewöhnliches und prinzipiell kein Grund zur Sorge, nur wenn sie öfter aufträten, führe es zur Zerstörung des Hirns. Ich schätze die Ärztin für ihre Kompetenz und schnörkellose Direktheit, doch in diesem Moment hätte ich gern etwas Tröstliches gehört. Wenn man bereit dazu ist, einen Hund zu lieben, muss man auch bereit dazu sein, ihn eines Tages zu verlieren, habe ich irgendwo gelesen. Aber womöglich ist es gerade der Hund, der einen an seinem Beispiel den Abschied von jemandem, den man liebt, zu ertragen lehrt. Schmerz und Abschied, das wird mir an diesem Tag bewusst, sind Grundbedingungen der zeitlich begrenzten Gemeinschaft mit dem Hund.

Als die Tierärztin Teddy in der Praxis mit einer Taschenlampe das Maul ausleuchtet, sind keine Verletzungen zu sehen. Aber seine

Penisspitze ist entzündet, und aus Unbehagen darüber habe er sich auf die Zunge gebissen und geblutet, so ihre Vermutung. Wir können über den Vorfall nur spekulieren, auch der Grund des Erbrechens ist unklar, vielleicht geschah es aus Erregung, vielleicht auch nicht. Teddy wird ein Schmerzmittel gespritzt und für den Fall, dass die Entzündung anhält, nehmen wir ein Antibiotikum mit. »Beobachten Sie den Hund in der nächsten Zeit genau«, schärft uns die Ärztin ein. Wenn sein Blick starr oder er nach einer Fliege schnappen würde, obwohl keine da sei, könnten das Hinweise auf einen Hirntumor sein. »Sollte wieder ein Krampfanfall auftreten, filmen Sie das bitte mit dem Handy.«

Schon bald ist Teddy wieder der Alte, doch der Vorfall hat sich in mein Hirn eingebrannt. So schmal also ist der Grat zwischen Haustier und Bestie, so schnell dreht sich der Wind. Auch wenn ich jetzt argwöhnischer bin als vorher, hat meine Zuneigung nicht gelitten, sie ist im Gegenteil eher gewachsen, denn jetzt weiß ich, dass unversehens alles zu Ende sein kann. Beim Menschen geht dem Tod meist eine Phase der Krankheit oder des Siechtums voraus, das Schlimme kündigt sich an. Bei einem Haustier kommt das Ende unvermittelter, denn es kann zuvor nicht artikulieren, was ihm fehlt.

Je größer ein Hund ist, desto kürzer ist seine Lebenserwartung. Berner Sennen werden durchschnittlich acht bis zehn Jahre alt, ein Malteser dagegen rund 16 Jahre. Großwüchsige Hunde wie Teddy leiden nicht selten an einer Hüftgelenksdysplasie, eine Erbkrankheit, die ab dem zwölften Lebensmonat sichtbar wird und dem Hund bei jeder Bewegung Schmerzen bereitet. Wie der Mensch kann auch der Hund am Ende seines Lebens schlechter hören und sehen. Er frisst weniger und schläft mehr, reagiert verzögert und bekommt ein dünnes Fell. Die meisten Hunde sterben schließlich an Krebs. Irgendwann werden wir entscheiden müssen, Teddy beim Tierarzt einschläfern zu lassen, damit er nicht übermäßig leidet. Es ist eine Entscheidung, vor der mir graut und die man glücklicherweise nicht oft im Leben treffen muss. Verpasst man den richtigen Moment (weil man sich nicht trennen mag), quält sich das Tier. Am Ende geht es darum, die eigenen Interessen hinter die des Hundes zu stellen. Um diesen Moment möglichst lange hinauszuzögern, investieren wir in Teddys Gesundheit – in eine ausgewogene Ernährung beispielsweise und regelmäßige Vorsorge beim Arzt.

Ein kranker Hund geht ans Herz, selbst dann, wenn das Leiden harmlos ist. Und weil das Tier bekanntlich nicht sprechen kann, geht jeder Diagnose eine Phase der genauen Beobachtung und Spekulation voraus. Einmal leckt Teddy sich zum Ende eines Waldspaziergangs ununterbrochen das Maul, nonstop schnellt seine Zunge aus seinem Maul und wieder zurück. Womöglich hat er eine Brennnessel berührt? Oder eine Mücke hat ihn ausgerechnet auf die Zunge gestochen? Zurück auf seinem Stammplatz in der Küche leckt der Hund rastlos den Steinboden ab – was auch immer im Wald passiert ist, es scheint ihn rasend zu machen. Nach einer Weile beruhigt er sich und seine Zunge bleibt im Maul.

»Lassen Sie den Hund niemals dunkle Schokolade fressen«, hatte uns die Züchterin eingeschärft. Schon eine kleine Menge wäre tödlich. Gefahren lauern an unerwarteten Stellen. Eine Spaziergängerin erzählte neulich eine Geschichte, die wie ein Remake von Rotkäppchen klang: Einer ihrer Hunde habe einen großen Stein geschluckt und das sei zu spät bemerkt worden. Die Notoperation habe der Retriever nicht überlebt.

Teddy zieht sich zurück, wenn es ihm nicht gut geht, er lässt sich nicht anfassen und schaut mit glasigem Blick durch mich hindurch. Ein jämmerlicher Anblick. Sein Schwachpunkt ist der Darm und es gab Zeiten, in denen er es nachts gerade noch bis zu unserer

Schlafzimmertür geschafft und sich dann entleert hat. Frühmorgens flüssigen Hundekot aus einem Teppich zu schrubben, ist unangenehm, aber noch unangenehmer ist die Sorge um das stumm leidende Tier.

Wenn Teddy angeschlagen ist, bringen wir ihn stets zur gleichen Ärztin. Seine Krankenakte beginnt in der Woche nach seinem Einzug in Berlin, damals wird er geimpft und gewogen (15 Kilogramm), doch hauptsächlich geht es ums Kennenlernen. Wir lassen den Hund in allen Räumen ausgiebig schnüffeln, gewöhnen ihn an die Untersuchungsliege und machen ihn mit den Stimmen in der Praxis vertraut. Damit er den Ort in guter Erinnerung behält, bietet die Ärztin ihm händeweise Leckerbissen an, billiges Zeug aus der Werbung, das er gierig und gerne frisst. Beim Hinausgehen greife ich mir einen Flyer über Krankengymnastik für Tiere. Nicht, weil ich denke, ich würde die Adresse mal brauchen, sondern weil ich staune, was alles angeboten wird auf diesem Gebiet.

In den ersten Jahren fehlt dem Hund nichts Ernstes und bei den Arztbesuchen sprechen wir über Dinge wie den Schutz gegen Zecken und Parasiten, auch die Frage der Kastration haben wir mit der Ärztin diskutiert.

Teddy geht immer gern in die Praxis und schnüffelt interessanten Gerüchen auf dem Linoleumfußboden nach. Er läuft fröhlich wedelnd am Empfang vorbei und nimmt Kontakt zu anderen Patienten auf oder schaut beim Tierfriseur vorbei, der in der Praxis einen Geschäftsraum hat.

In der Mehrzahl warten im Vorraum Hunde, gelegentlich auch eine Katze, wir haben dort einige Stunden verbracht. Oft vertiefe ich mich in ein Poster mit dem Stammbaum aller Hunderassen, das an der Wand hängt. Berner Sennenhunde tauchen dort ziemlich weit oben auf, nur wenige Generationen nach dem Wolf. Sie sind später als Schäferhund und Collie entstanden, früher als Pudel und Spaniel, Setter und Boxer. Zu den direkten Vorfahren gehören Kuvasz und Pyrenäenhund, auch die Tibetdogge ist bei den unmittelbaren Ahnen der Rasse meines Hundes dabei.

Die erste Wurmkur (wobei das Wort »Kur« in die Irre führt, denn es handelt sich um hammerharte Chemie) bekam Teddy mit sechs Monaten. Darmparasiten sind ein großes Thema bei jedem Hund, sie führen zu Durchfall und schwächen sein Immunsystem. Schon eine Berührung mit einem infizierten Tier oder ein Schnüffeln auf der Hundewiese reichen aus, um sich Wurmlarven oder Eier einzufangen. Vor allem Bandwürmer sind gefürchtet, auch Spulwürmer und Giardien, die sich auf den Menschen übertragen. Giardien halten sich über Wochen und Monate hartnäckig im Haus, hatte uns Trainerin Astrid in der Junghundzeit gewarnt. Man müsse sämtliche Decken, Kissen und Bezüge waschen, auch Stofftiere, Handtücher und was sonst noch so herumliege. Am besten ginge man mit einem Dampfreiniger vor, um den Parasiten zu tilgen. Seit Astrids Warnung löst das Wort Giardien bei mir denselben Schrecken aus wie damals in der Kindergartenzeit der Hinweis, bei einem der Kinder seien Kopfläuse aufgetaucht.

Ein paar Stunden nachdem Teddy die Tablette gefressen hat, drückt er sich verängstigt in eine Ecke und starrt reglos nach vorn. Seine Apathie wächst von Stunde zu Stunde, und all unseren Versuchen zum Trotz legt er sich nicht schlafen, er frisst und trinkt nichts, sondern glotzt hechelnd vor sich hin. Wir googeln »apathischer Hund«, finden aber keine sinnvolle Erklärung, rufen schließlich den telefonischen Notdienst an. Der Diensthabende glaubt, es liege an der Wurmkur, und rät uns, das Tier nicht aus den Augen zu lassen. In dieser Nacht schläft eine der großen Töchter – die Reiterin, die uns, seit es den Hund gibt, auffallend häufig besucht – auf einer Matratze neben dem Hund. Am nächsten Morgen springt er munter durch die Gegend und alles ist gut. Seither hat Teddy nie wieder eine chemische Wurmkur bekommen. Gibt es einen Verdacht auf Parasiten, schicken wir eine Kotprobe ins Labor. Bislang war sie immer negativ.

Als Teddy eineinhalb ist, wird ihm zum ersten Mal Blut abgenommen. Eine Laboruntersuchung soll Aufschluss über die Gründe für häufigen Durchfall und einen möglichen Vitamin-B-Mangel geben. Wir bringen ihn mit leerem Magen in die Praxis. Inzwischen zu schwer geworden, um auf die Liege gehievt zu werden, bleibt er auf dem Boden hocken. »Halten Sie ihn bitte fest«, sagt die Ärztin. Mein Mann und ich gehen in die Knie, er hält Teddy am Hals, ich umschlinge seine Hüfte. Um das Blut zu stauen, wird einer seiner Vorderläufe abgebunden, jetzt sucht die Ärztin die Vene, desinfiziert die Stelle, sticht mit der Nadel hinein, schiebt die Kanüle unter die Haut und füllt mehrere Röhrchen mit Blut. Ein Routineeingriff, nichts Besonderes – aber das kann der Hund natürlich nicht wissen. Er zittert, als ginge es um sein Leben.

Anfangs versucht Teddy, sich aus unserem Griff zu winden und abzuhauen, dann bleibt er wie schockgefrostet hocken. Kaum wieder losgelassen, flüchtet er sich unter den Schreibtisch der Ärztin. Auf dem Weg nach draußen pinkelt er entgegen aller Gewohnheit im Warteraum an ein Regal. Es wirkt wie ein wütendes Nachtreten – ein Aufbegehren gegen die Art, wie man ihn hier behandelt hat.

Ein anderes Mal hat Teddy sich an seiner Hüfte blutig gebissen, die Stelle riecht übel und bereitet ihm Schmerzen, offenbar hat sich die Wunde entzündet. Ursache seien die Analdrüsen, die beim Hund rechts und links des Darmausgangs in seine Schließmuskulatur eingebettet sind, so die Diagnose. »Der spezielle Geruch des Sekrets, das in den Drüsen gebildet wird, spielt eine wichtige Rolle in der Hundekommunikation«, sagt die Ärztin. Normalerweise werde das talgähnliche Sekret über den Kot ausgeschieden. Aber wenn ein Hund Durchfall hat, leeren sich die Analdrüsen nicht mehr ordnungsgemäß, bilden jedoch trotzdem weiterhin ihr Sekret. In der Folge weiten sich die Beutel über ihr normales Volumen aus und der Hund bekommt Probleme beim Stuhlgang. Ein Teufelskreis.

Die Ärztin streift sich Gummihandschuhe über und fördert aus der Drüse ein Sekret zutage. »Wir müssen das ab jetzt alle vier bis sechs Wochen kontrollieren. Ich zeige Ihnen auch gern, wie Sie das selbst machen können«, sagt die Ärztin. Ich rede mich unter Berufung auf meine medizinische Talentlosigkeit aus der Sache heraus.

Dann wird die Wunde versorgt. Teddy habe sich an anderer Stelle stellvertretend gebissen, weil er an den tatsächlichen Grund seiner Pein – die verstopften Drüsen – nicht herankam, erklärt die Ärztin. Behutsam rasiert sie rund um die Stelle das Fell ab, es fällt in dichten, schwarzen Büscheln zu Boden. Zum Vorschein kommt Haut, die weiß wie Kalk ist und durchbrochen von blutroten Striemen. Teddy zittert ununterbrochen, sein Herz schlägt wild. Beim Reinigen der Wunde schreit er kurz und heftig auf, es ist ein fürchterliches Winseln, ein Schmerzensschrei, der mich lange verfolgt. Schließlich wird eine Heilsalbe auf der Stelle verteilt und dem Hund eine Halskrause aus Kunststoff aufgesetzt, damit die Wunde abheilen kann, ohne dass er daran knabbert.

Die Halskrause sieht aus wie ein Schwimmring. Der Hund schaut mit traurigem Kuhblick aus dem Ring heraus. Er kann sich damit nicht hinlegen, also nehmen wir ihn zu Hause ab und ziehen ihm als Schutz stattdessen ein T-Shirt über. Wenn man seine Hinterläufe durch die Ärmel zieht, klappt das ganz gut. Aber auch das geht Teddy auf die Nerven und er befreit sich mit geschickten Bewegungen aus dem Shirt. Weil er seine Wunde nicht leckt, lassen wir ihn in Frieden. Und konzentrieren uns darauf, ihm zweimal täglich ein Antibiotikum zu verabreichen, das die Ärztin uns mitgegeben hat. Wie zu erwarten, spuckt der Hund, ein schwieriger Patient, es sofort aus. Zerkleinert man die Tablette im Mörser und mischt sie ins Futter, frisst er so geschickt drum herum, dass am Ende nur die kleinen weißen Teile im Napf liegen bleiben. Eine Zeit lang lässt er sich hinters Licht führen, indem wir eine Wiener Wurst mit Tablettenstücken spicken, aber dann hat er auch diese Technik durchschaut. Letztendlich zermalmen wir das Zeug zu kokainfeinem Staub und mischen es unter einen Löffel Quark. Das funktioniert.

Beim Nachsorgetermin bockt der Hund plötzlich vor der Eingangstür. Kein Ziehen und Zerren, kein Locken und Werben bringt ihn dazu, die Praxis zu betreten. Die Ärztin öffnet eine Hintertür und der Hund trabt ahnungslos hinein. Doch beim nächsten Termin bockt er auch vor dieser Tür. Ein weiterer Hintereingang wird aufgeschlossen und Teddy – zwar misstrauisch, aber noch ausreichend neugierig – lässt sich anstandslos hineinführen.

Beim wiederum nächsten Termin bleibt der Hund vorsichtshalber bereits zwanzig Meter von der Praxis entfernt stehen. Wie ein fünfzig Kilo schwerer Felsbrocken verharrt er auf dem Bürgersteig und lässt sich weder vor- noch zurückbewegen. »Dann komm ich eben zu dir raus«, sagt die Ärztin, eine bewundernswert pragmatische Frau. Im Windschatten einer Ligusterhecke leert sie Teddys Analdrüsen.

Der Hund hat die Praxis hernach nicht mehr betreten. Er blockierte schon, wenn wir nur in die Nähe kamen. Die Ärztin hat ihn bei Minusgraden, in Winterjacke und Schal gehüllt, auf dem Rasen vor der Praxis behandelt, auch in greller Sonne auf einem Parkplatz und einmal sogar im Kofferraum unseres Autos. Dann zog sie mit ihrer Praxis um und das Problem war gelöst: In den neuen Räumen fühlt Teddy sich wohl.

Doch überall dort, wo Frauen in weißen Kitteln auftreten, bleibt es kompliziert. Einmal sind wir in der Tierklinik angemeldet, um

Teddys Prostata vermessen zu lassen. Mit Ultraschall soll geklärt werden, ob sich die Drüse womöglich vergrößert hat. Das wäre nicht ungewöhnlich für Rüden dieser Rasse und ein möglicher Grund für Verstopfungen, denn mit ihrem größeren Volumen klemmt die Prostata den Darm ab. Bei Hunden im Alter von etwa neun Jahren, wenn Testosteron und Östrogen im Zuge des Älterwerdens ein hormonelles Ungleichgewicht bilden, tritt so eine Vergrößerung vermehrt auf. Oft mündet sie in Prostatakrebs, weshalb man viele ältere Hunde dann aus medizinischen Gründen kastriert. Die schwierige Frage, ob man seinen Hund entmannt, stellt sich für einen Halter also zweimal im Leben des Tieres: in jungen Jahren und dann noch mal, wenn er alt ist.

Die Tierklinik wirkt äußerlich wie ein Kindergarten, nichts deutet auf medizinische Untersuchungen hin, doch als zwei Ärztinnen am Eingang auftauchen, hockt Teddy sich schlagartig hin und bleibt wie angeschraubt auf dem Weg sitzen. Die Frauen stehen etwa hundert Meter weit entfernt, sie tragen weiße Kittel und die in dieser Zeit vorgeschriebenen Atemschutzmasken. Obwohl der Hund die Frauen nie zuvor gesehen hat, stellt er offenbar einen Zusammenhang zwischen weißer Kleidung, Maske und Schmerz her. Sein Vermögen, eine erlebte Erfahrung mit Gegenwärtigem zu kombinieren und daraus Schlüsse für sein Verhalten zu ziehen, beeindruckt mich. Wie falsch die Wissenschaft bis vor wenigen Jahrzehnten doch lag, als sie dem Hund kognitive Fähigkeiten weitgehend absprach. Hätte ich noch irgendeinen Beweis dafür gebraucht, dass Teddy keine reine Reizreaktionsmaschine ist – hier wäre er.

Schließlich nehmen wir einen neuen Anlauf und fahren mit dem Hund im Kofferraum aufs Klinikgelände (was eigentlich verboten ist). Nach einem weitläufigen Spaziergang, bei dem Teddy ausgiebig in Blumenbeeten und auf Rasenflächen schnüffeln darf, nähern wir uns dem Eingang des Instituts von der anderen Hausseite.

Mit den Ärztinnen ist besprochen, dass sie sich zurückziehen. In totaler Ahnungslosigkeit lässt sich der Hund durch den Eingang führen. Im Wartezimmer scheint es aufreizend zu duften, womöglich war kürzlich eine läufige Hündin da. Teddy trabt, die Nase am Boden, hinein. Geschafft! Ich lasse mich auf einen Stuhl fallen und hole tief Luft. Ohne meinen Mann hätte ich längst kapituliert. Wie machen das bloß alleinerziehende Hundehalterinnen?

Eine letzte Hürde ist noch zu überwinden: Teddy lässt sich um keinen Preis aus dem Warte- ins Behandlungszimmer locken. Stur bleibt er liegen. Die Tierärztinnen – wie unsere Haustierärztin zwei ungewöhnlich großzügige Menschen – rollen das Schallgerät so weit wie möglich über die Türschwelle. Mit vereinten Kräften wird Teddys Hinterteil auf dem Linoleumboden so nah wie möglich ans Gerät geschleift. Die Untersuchung kann beginnen. Mein Mann und ich halten den Hund fest, während eine der Ärztinnen behutsam den Schallkopf über Teddys Unterleib gleiten lässt. Wie damals bei der Blutabnahme in der Tierarztpraxis zittert er so angstvoll, als würde ihm Schreckliches widerfahren.

Kaum haben wir die Tierklinik verlassen, schüttelt Teddy sich so ausgiebig, als wolle er auf einen Schlag alles abwerfen, was ihn drinnen gequält hat. Schütteln ist ein elementarer Akt für den Hund. Wenn er nass ist, schüttelt er sich gewohnheitsmäßig das Wasser aus dem Fell. Gerät er mit einem anderen Rüden aneinander, schüttelt er sich nachträglich den Stress vom Leib. Behagt ihm, wie jetzt in der Klinik, eine Situation nicht, schüttelt er die Anspannung ab. Eine Wunderwaffe.

Nach zwei Wochen kommt das Ergebnis der Laboruntersuchung. Wie zu erwarten, ist die Prostata leicht vergrößert. Man könnte jetzt mit einem Hormonpräparat gegensteuern. Aber dem Hund geht es gut und es scheint falsch, ihm ein Medikament zu verabreichen, wenn er keine Symptome zeigt. Gemeinsam mit den Ärztinnen beschließen wir, so lange zu warten, bis der Hund tatsächlich Schwierigkeiten hat. Wie wir ihn dann in die Tierklinik bekommen, ist ein anderes Problem. Vielleicht wäre eine Schubkarre eine gute Idee.

Bernd Günter wartet schon auf dem Bürgersteig und winkt, als wir in seine Straße einbiegen. Auch ohne die Willkommensgeste des hageren älteren Herrn hätte ich gewusst, dass ich am Ziel bin. *Parking for Bernese Mountain Dog Owners only* steht in großen roten Buchstaben auf einem Blechschild, nur Besitzer von Berner Sennenhunden dürfen vor seinem Haus parken. Es ist eines dieser Schilder, die man nach eigenen Wünschen betexten und anfertigen lassen kann. Meistens sind sie scherzhaft gemeint. Noch kenne ich den Mann in Polohemd und Stoffhose, der auf die achtzig zugeht, nicht persönlich. Er hatte mir einen anerkennenden Brief in die Redaktion geschickt, als ein Text über mein erstes Jahr mit Teddy im ZEITmagazin erschienen war. Aus dem Magazintext ist die Arbeit an diesem Buch entstanden und aus dem Leserbrief eine E-Mail-Korrespondenz. Jetzt besuche ich gemeinsam mit Teddy Bernd Günter zu Hause in einem kleinen Dorf am Rande des Schwarzwalds. Günter hatte auch ein Fachbuch mitgeschickt, das er in den Neunzigerjahren veröffentlicht hat – einen glänzenden Bildband, der viel Wissenswertes über Berner Sennenhunde enthält. Das Lob des Experten hat mir geschmeichelt. Nun möchte ich von ihm etwas lernen über meinen Hund.

Bernd Günter hat jahrelang Berner Sennenhunde fotografiert, seine Aufnahmen wurden in Fachzeitschriften und Kalendern veröffentlicht. Bevor er in Rente ging, hat er Amerikanistik gelehrt, unter anderem in den USA. Günter ist Mitglied im Deutschen und

Schweizerischen Zuchtverein für Berner Sennenhunde, zudem auch im amerikanischen *Bernese Mountain Dog Club*. In einem Fachartikel wird er als »internationales Sprachrohr für die Rasse« bezeichnet. Ich habe eine Menge Fragen über die Hunderasse im Kopf, die Bernd Günter liebevoll »Schicksalshunde« nennt. Hauptsächlich möchte ich etwas über Teddys Gefühlswelt erfahren. Die alte Frage: Bindet den Hund mehr als blanker Opportunismus an mich?

Im Wohnzimmer ist eine Kaffeetafel gedeckt, auch Weingläser stehen auf dem Tisch. Teddy trabt geradewegs durch die offene Terrassentür in den Garten. Günter hat sich vorab mein Einverständnis geholt, den Hund mit einem Wiener Würstchen zu begrüßen. Jetzt steht er draußen auf dem Rasen und hält Teddy ein Würstchen vor die Nase. Er bietet ihm nicht einzelne kleine Stückchen an, wie Teddy es gewohnt ist, sondern lässt ihn stückweise selbst von der Wurst abbeißen. Es wirkt wie eine Prüfung. Kann sich der Hund, der vor dem Herrn brav auf seinem Hintern sitzt, zügeln und in den Häppchen-Modus gehen? Wird er ihm am Ende in den Finger beißen oder nicht? Teddy besteht den Eingangstest – und erhält mit dem letzten Wurstzipfel auch ein anerkennendes Nicken. Ich gönne Teddy seine Wurst. Aber es ist ungewohnt, dass jemand den Hund ohne Gegenleistung derart verwöhnt. Eine komplette Wurst kennt er von zu Hause nur als Superbelohnung, gestückelt über mehrere Tage. Ich fühle mich an die Besuche meiner Kindheit bei meinen Großeltern erinnert, als es gleich zur Begrüßung eine ganze Tafel Schokolade gab. Wofür, frage ich mich, soll Teddy wohl belohnt werden? Geht es dem Menschen hier um die unterwürfige Haltung des Tiers, also eigentlich um ihn selbst? Will er sich gleich zu Beginn sein Wohlwollen sichern?

Der sorgfältig gemähte Rasen, auf dem wir stehen, wird rechts und links von dichten Gehölzen eingerahmt. Undurchlässig wie Scheuklappen schotten sie das Grundstück von den Nachbarn ab und lenken den Blick in die Ferne. So sahen in den Siebzigerjahren die Gärten meiner Jugend aus. Auch unser Grundstück wurde durch Gartenzäune, Taxushecken und eine Backsteinmauer von fremden Blicken abgeschirmt. Der Zeitgeist schätzte Privatsphäre höher ein als Offenheit. Was hinter den Fassaden geschah, ging niemanden etwas an. Im Garten zeigt Günter auf eine frisch aufgeworfene, mit kleinen Steinen belegte Stelle unter einer Schwarzkiefer. Hier liegen seine insgesamt fünf Berner Sennenhunde begraben, der letzte starb erst vor wenigen Wochen an Krebs. Anders als Menschen dürfen Tiere auf privatem Grund beigesetzt werden, das ist gesetzlich geregelt. Bedingung ist, dass der Körper des Tieres mindestens fünfzig Zentimeter tief vergraben und das Grundstück Eigentum des Tierhalters ist. Außerdem darf es nicht in einem Wasserschutzgebiet oder in unmittelbarer Nähe von öffentlichen Wegen und Plätzen liegen. Ein Lieblingsplatz im Wald etwa wäre tabu.

Ein paar Schritte neben der Grabstelle der Hunde im Garten steht ein auffälliger Holzstuhl. Den Sitz in der Form einer Graugans hat Günter von einem Künstler anfertigen lassen, als seine Frau nach langer Krankheit starb. Die Graugans war ihr Lieblingsvogel. Nach ihrem Tod vor einigen Jahren habe der Hund eine Zeit lang gejammert wie nie zuvor. Nach zwei Wochen sei dann plötzlich Schluss mit dem Gejaule gewesen, denn Hunde, sagt Günter, gewöhnen sich an Veränderungen.

»Kommen Hunde über den Verlust eines Vertrauten so schnell hinweg? Sind ihre Menschen austauschbar?«, frage ich.

»Im Grunde seines Wesens ist jeder Hund eigennützig. Er überlässt dem Menschen die Daseinsfürsorge und passt sich jeder Situation an. Der Hund weiß genau, was er tun muss, um zu bekommen, was er will«, antwortet er.

Mit den Augen suche ich Teddy, der inzwischen ein weiteres Schmankerl bekommen hat. Bäuchlings auf dem Rasen liegend hält er mit seinen dicken Vorderpfoten ein getrocknetes Kalbsohr fest und kaut krachend darauf herum. Eine Welle von Zuneigung erfasst mich für meinen Hund – obwohl er doch laut Günter nur auf seinen kurzfristigen Vorteil aus ist.

»Finden Sie es nicht ernüchternd, dass die Treue des Hundes reine Berechnung ist? Eine Gegenleistung dafür, dass man sich um ihn kümmert?«, will ich wissen. Günter schüttelt den Kopf.

»Nein. Wäre der Hund berechnend, hieße das, er dächte rational. Aber das kann er nicht. Ihn steuern Instinkt und Impuls.«

Bernd Günter scheint es gleichgültig zu sein, aus welchem Grund seine Hunde an ihm hängen. Solange beide davon profitieren, ist alles in Ordnung. Viele menschliche Beziehungen existierten aus demselben Grund, sagt der alte Herr. Ich denke an meinen Vater, der vor einigen Jahren gestorben ist, er wurde 84 Jahre alt und gehört wie Günter zur Kriegskind-Generation. Obschon ein sehr emotionaler Mensch – Musik und Literatur berührten ihn stark –, sah er die Welt mit den Augen des nüchternen Wissenschaftlers. Einmal haben wir uns darüber unterhalten, was Liebe ist und ob es sie überhaupt gibt. Wir kamen zu unterschiedlichen Ergebnissen. Ich glaube an die symbiotische, bedingungslose Liebe und bin überzeugt, dass dieses starke Gefühl dauerhaft existiert. Er dagegen hielt es für möglich, dass Liebe eine Hilfskonstruktion der Natur ist, die es einem zwar erlaubt, eine Beziehung einzugehen, sich dann aber verflüchtigt. So gesehen wäre Liebe eine Trittleiter in die Gewohnheit.

Die Generation meines Vaters und Bernd Günters, die in den Sechziger- und Siebzigerjahren heiratete und Familien gründete, führte andere Beziehungen, als sie heute geführt werden. Damals waren die Rollen klar verteilt und man orientierte sich am Althergebrachten. Heute wird um Gleichberechtigung gerungen und Partnerschaft immer wieder neu verhandelt, an die Stelle von Konvention ist Individualität getreten. Das spiegelt sich auch im Verhältnis von Mensch und Hund.

Noch bis in die Nachkriegszeit wurde bei der Hundeerziehung auf Einschüchterung und Angst gesetzt. Man fühlte sich dem Hund von Natur aus überlegen und gab ihm Kommandos. Wenn er nicht folgte, setzte es Schläge. So sah die Normalität aus, auch Thomas Mann berichtet in »Herr und Hund« davon. Gewalt war Teil des gesellschaftlichen Umgangs miteinander. Kinder wurden zu Hause geprügelt und geohrfeigt, in den Schulen ebenso. Statt Beziehungen aufzubauen, wurde von oben nach unten geherrscht. Seinen Hund schlug man mit der Zeitung, damit er den Schlag nicht mit seiner Bezugsperson in Verbindung brachte und die Hand, die ihn fütterte – ein Sinnbild für starke Bindung – unbelastet blieb. Diese besonders verlogene Form von Gewalt hat sich glücklicherweise wie die Prügelstrafe längst überlebt.

In den Siebzigerjahren hat die Reformpädagogik Bewegung in die Kindererziehung gebracht: Nun wurde die Herausbildung der Persönlichkeit über bloße Regelkonformität gestellt. Auch die Hundeerziehung hat sich dank des neuen Zeitgeists grundlegend verändert. Mitte der Achtzigerjahre wurden die ersten Welpenschulen gegründet und allmählich hat sich die Überzeugung durchgesetzt, einen Hund lieber in der Gruppe zu sozialisieren statt autoritär über ihn zu bestimmen. Seither lernen Welpen im Spiel mit anderen Welpen, man arbeitet mit Lob und Anreiz, nimmt Rücksicht auf das Wesen des Tiers.

Heute begegnen sich Mensch und Hund körperlich und aktiv. Manchmal kippt die Verbindung ins andere Extrem und das Tier wird vermenschlicht – als ließen sich Beziehungsfragen mit ihm auf Augenhöhe verhandeln. Beim Spazierengehen in Berlin habe ich Sätze wie »Balu, kommst du jetzt bitte ins Auto« oder »Wir haben doch erst gestern darüber gesprochen, dass du an Menschen nicht hochspringen darfst« aufgeschnappt. Und gelegentlich ertappe ich mich selbst dabei, dass ich mich bei Teddy für etwas entschuldige – etwa, wenn ich ihm versehentlich wehgetan habe oder zu spät mit ihm rausgegangen bin. Man verständigt sich miteinander wie ein modernes Paar. Früher grenzte man sich voneinander ab.

Möglicherweise ist die Förmlichkeit vergangener Zeiten – diese Vorliebe für Vorschriften und Standards – aus Unsicherheit entstanden. Konventionen sind Krücken für die Empathielosen und Gehemmten, heißt es, und ein bisschen gilt das wohl auch für die alte Zeit, als der Muff unter den Talaren erst noch ausgelüftet werden musste und man Emotionalität allgemein misstraute. Damals wurden Gefühle mehr postuliert als gezeigt. Und weil das Vertrauen in das Tier (und vielleicht auch in sich selbst) fehlte, hat man sich als Hundehalter in Vereinen und Klubs ein Stützkorsett aus Regeln gebaut. Oft ging es da weniger um den Hund, auf den man ja herabschaute, als um die gegenseitige Rückversicherung der Halter, alles richtig zu machen.

Bernd Günter kommt während unserer Unterhaltung immer wieder auf Max zu sprechen, seinen erster Berner Sennenhund und offenbar auch sein Favorit. Max kam dem Ideal eines Berner Sennen, wie es im Zuchtstandard des Verbandes definiert ist, so nahe, dass er auf Ausstellungen in der Schweiz und Deutschland etliche Preise gewann und auch als International Champion ausgezeichnet wurde, dem wertvollsten Titel überhaupt. »Max war der erfolgreichste und einnehmendste Rüde seiner Zeit«, sagt Günter und klingt auch heute, rund vierzig Jahre nach den Wettbewerben, stolz. Sogar für einen Plüsch-Berner stand Max Modell, erzählt er, und auch für eine Briefmarke anlässlich des hundertsten Jubiläums des Schweizer Sennenhund-Clubs 2007.

Der Gedanke, meinen Hund den Preisrichtern einer Hundeausstellung vorzustellen, ist mir fremd. Schon deshalb, weil Teddy im Ring garantiert nicht brav bei Fuß gehen oder sich auf Befehl vor den Richtern hinsetzen würde. Auch dass er auf ein Zeichen hin elegant trabt und mit dem Schwanz wedelt, kann ich mir kaum vorstellen. Hauptsächlich aber widerstrebt mir so ein Wettbewerb, weil nicht das Wesen des Hundes beurteilt wird, sondern seine äußere Erscheinung. Wie sollte man auch bei der kurzen Vorführung erkennen können, was für einen außergewöhnlichen Charakter er hat?

Mir ist es egal, ob mein Hund »einen ausgreifenden freien Vortritt und einen guten Schub aus der Hinterhand« aufweist, wie es die Federation Cynologique Internationale (FCI) im Zuchtstandard des Berner Sennenhunds vorgeschrieben hat. Der FCI ist der größte Dachverband internationaler Rassehundzuchtverbände. 1911 gegründet, in Brüssel angesiedelt, erlässt die Organisation Rahmenbestimmungen für das Zucht- und Schauwesen.

Ich achte nicht darauf, ob Teddys Hinterpfoten etwas weniger gewölbt sind als die Vorderpfoten und dass sie weder einwärts noch auswärts gedreht sind. Nichts könnte mir gleichgültiger sein als die Frage, ob seine Rute mindestens bis zum Sprunggelenk reicht, in Ruhestellung hängt, in der Bewegung schwebt und auf Rückenhöhe oder leicht darüber getragen wird. Ihn seine Zähne blecken oder die Hoden kontrollieren zu lassen, fände ich entwürdigend.

Chancen auf einen Preis hätte Teddy ohnehin kaum, weil seine Rute nicht die vorgeschriebene weiße Spitze hat. Vielleicht würde er sogar ausgeschlossen. Weil seine Grundfarbe nicht tiefschwarz ist, sondern zu bestimmten Jahreszeiten ins Braune geht. Und weil er kein Draufgänger ist. »Übermäßig ängstliche Hunde« werden disqualifiziert, steht im Standard. Ein Hund, der vor Angst zittert, wenn man ihm Nasentropfen verabreicht, hat in einer Ausstellung vermutlich nichts zu suchen. Meinen Respekt verdient sich Teddy einfach durch seine Präsenz. Ich brauche keine Trophäe, um mich seines Wertes zu vergewissern. Ich will einen guten, keinen erfolgreichen Hund.

Niemand aus meinem Umfeld stellt Hunde aus, und außer Bernd Günter kenne ich keinen, der Mitglied in einem Hundeklub ist. Allgemein hat die Bedeutung von Vereinen inzwischen abgenommen, viele gestalten ihre Freizeit lieber individuell. Speziell bei Hunden kommt es heute darauf an, so mein Eindruck, eine Beziehung zum Tier zu entwickeln, mit ihm zu spielen und zu raufen, ihn Parcourstraining machen zu lassen oder ihn auf Mantrailing anzusetzen, also die Fährtensuche auf der Grundlage von Gerüchen. Während es früher allenfalls einen Ball zum Spielen mit dem Hund gab, kann man heute auf ein großes Angebot an Quietschpuppen, Kauseilen, Spieltauen, Apportierbeuteln, Beißwürsten, Stofftieren und Schnüffelteppichen zurückgreifen. Beim sogenannten Intelligenzspielzeug bieten sich sogar Möglichkeiten, mit dem Hund Solitaire zu spielen oder ein Puzzle zu legen.

In einer Zeit, als es noch kein Internet und keine Podcasts gab, auch keine Hochglanz-Hundemagazine (lediglich die vom Deutschen Bauernverband herausgegebene Zeitschrift *Der Hund*), dienten Vereine als wichtige Informationsquelle. Bevor sich das ausufernde Ratgeberwesen von heute etabliert hat, wurde Wissen im direkten Austausch geteilt. Zudem bildeten Hundezüchter damals noch eine relativ kleine Gruppe mit hohem Anspruch und Verantwortungsgefühl, das wird mir im Gespräch mit dem alten Herrn klar. Inzwischen hat die hohe Nachfrage an Welpen zu Konkurrenzdruck und Geschäftemacherei geführt. Die Züchterszene ist heute unübersichtlich und manchmal kriminell: Seit man Hunde anonym über Kleinanzeigen im Internet anbieten kann, werden sie zunehmend von Amateuren in deutschen Hinterhöfen oder am Fließband in sogenannten osteuropäischen Welpenfabriken produziert. Das Geschäft der Hundezüchter macht aus dem Tier ein Produkt. Eine Ware, ein Ding, eine Sache.

Bernd Günter hat seinen Hund Max eine Zeit lang als Zuchtrüden eingesetzt. Die Termine zum Decken seien aber frustrierend für den Hund gewesen, sagt er rückblickend, weil die Hündinnen oft noch gar nicht läufig waren, als sie herangekarrt wurden. Ein gutes Ausstellungsergebnis bedeutet nicht automatisch, dass ein Hund auch zur Zucht geeignet ist. Erst wenn der Hund eine strenge Zulassungsprüfung im Verein bestanden hat, darf er in der Züchtung eingesetzt werden, erst dann nimmt der Zuchtwart einen Wurf ab und stellt die Abstammungspapiere aus. Auf diese Weise will man die Weitergabe von Erbkrankheiten verhindern und die spezifischen Eigenschaften der Rasse erhalten. »Die Vereine bewahren das Gute und geben es weiter«, findet der alte Herr.

Doch offenbar stimmen bei den Rassestandards Theorie und Praxis längst nicht mehr überein. Vergleicht man Bilder heutiger Rassehunde mit Aufnahmen aus der Nachkriegszeit, sieht man große Unterschiede in Größe und Statur. Mops und Bulldogge zum Beispiel standen früher auf viel längeren Beinen und schauten aus weniger melancholischen Augen, weil man ihnen noch keine schweren Lider angezüchtet hatte. Und der Bernhardiner Barry – er rettete als Lawinenhund Dutzenden Menschen das Leben und steht heute ausgestopft im Naturhistorischen Museum in Bern – wog zu Lebzeiten knapp vierzig Kilo, habe ich gelesen. Heute gelten Bernhardiner, die um die siebzig Kilo auf die Waage bringen, als gesund. Dackel mit übertrieben kurzen Beinen, Cocker Spaniels mit überlangen Ohren, Shar Peis mit viel zu vielen Falten – man kennt diese Bilder grotesk überzüchteter Hunde. Die Kriterien im Zuchtstandard verführen dazu, bestimmte äußerliche Merkmale in der Zucht zu betonen, um auf Ausstellungen Erfolge zu feiern. Auch Inzucht führt zur Übertypisierung. So ist aus dem robusten Haushund von einst, der eine klare Aufgabe hatte, ein stilisiertes Kunstobjekt geworden, das dekorativ und pflegeleicht zu sein hat.

»Viele andere Rassen sind in ihren Eigenarten interessant und schön und herrlich; der Berner Sennenhund scheint mir durch seine Normalität schön. Nichts ist einseitig übertrieben, alles ist harmonisch, nichts ist sonderbar, alles ist an seinem natürlichen

Platz« – so zitiert Bernd Günter in seinem Fachbuch über Berner Sennenhunde den Schweizer Geologen Albert Heim, der die Rasse meines Hundes begründet hat. An einem derart ausgeglichenen Tier, möchte man meinen, gibt es nichts neu zu komponieren. Und doch wird auch diese Rasse aktuell optimiert (beziehungsweise das gemacht, was man für »Optimierung« hält). »Sie haben also noch die alte Sorte«, kommentierte die Angestellte eines Schweizer Hotels Teddys Anblick unlängst. Sie besitze ebenfalls einen Berner Sennenhund, erzählte die Frau, ihrer sei aber einer von der neuen Sorte, die leichter und kleiner ist. (Nebenbei empfahl sie uns eine Unterfellbürste, die ich auch im vierten Jahr mit Hund noch nicht kannte; ein Meilenstein in der Qualität der Fellpflege, ein Souvenir aus der Schweiz.)

Auch bei den aktuell so beliebten Hybridzüchtungen wird der Berner Sennenhund eingesetzt: Die unter dem Namen »Bernedoodle« oder »Bernese Mountain Poo« geläufigen Kreuzungen aus Berner und Pudel gibt es in drei verschiedenen Größen (Tiny, Mini und Standard), sie lösen wegen ihrer veränderten Fellstruktur weniger Allergien aus, heißt es, und leben länger als klassische Berner (die oft nur sieben Jahre alt werden und überanfällig für bestimmte Krebsarten sind).

Bernd Günter schüttelt den Kopf, als ich ihn auf die neumodischen Designer-Dogs anspreche. »Da fehlen mir die Worte, das finde ich einfach nur traurig.« Inzwischen sitzen wir längst am Kaffeetisch und eine Weinflasche wird entkorkt. Teddy hat sich neben dem Tisch ausgestreckt und döst. Eben, als es um Fellpflege ging, ist der alte Herr vom Tisch aufgesprungen und hat verschiedene Kämme und Bürsten geholt, die bei seinen Hunden im Einsatz waren. In einer Bürste hängen noch Haare von Malte, dem jüngst verstorbenen Hund. Der nächste Berner, Manni – alle Hundenamen der Günters beginnen mit einem M –, ist bereits auf der Welt und wird bald, nachdem die dreimonatige Nestphase beendet ist, beim Züchter abgeholt werden. Der Gedanke, mir bereits wenige Monate nach dem Abschied von Teddy einen neuen Hund zuzulegen, behagt mir nicht. Wäre der schnelle Übergang zum neuen Hund nicht die Verleugnung seiner Einzigartigkeit? Nicht Verrat an seiner Liebe? Ein bisschen erscheint es mir, als würde man ein defektes Gerät durch ein neues ersetzen.

Als ich meinen Gastgeber darum bitte, mir von den letzten Stunden seines krebskranken Hundes zu erzählen, zögert er nicht. Nachdem in der Tierklinik nichts mehr für den Hund getan werden konnte, habe er die Tierärztin angerufen, damit sie den Hund zu Hause einschläfert, erzählt er. »Der Hund empfindet Schmerz, aber er zeigt ihn nicht. Wenn er erst so weit ist, dass man Mitleid empfindet, dann ist es zu spät.« Sie sei in zwei Stunden da, habe die Ärztin am Telefon gesagt, und in diesen zwei Stunden des Wartens habe er den Hund abgelenkt. »Ich habe Malte einen Naturjoghurt angeboten und ihn gekrault.« Als die Ärztin dem Hund zwei Spritzen setzte, hielt er seinen Kopf. Die erste Spritze diente zum Einschlafen, »innerhalb von zwei, drei Minuten sackt er zusammen, das geht ganz schnell, die Augen werden trübe«. Die darauffolgende »Euthanasiespritze«, wie Günter sie nennt, habe der Hund gar nicht mehr gespürt. »Malte war der fünfte Hund, den ich auf diese Art begleitet habe«, schließt er seinen Bericht.

Erst kurz vor dem Abschied spreche ich das Thema an, das mich eigentlich hergeführt hat. Auch wenn mir im Laufe unseres Gesprächs bereits klar geworden ist, dass wir beide unseren Generationen entsprechend unterschiedlich auf Hunde blicken, will ich wissen, was der Fachmann darüber denkt.

»Was meinen Sie – liebt mich mein Hund?«, frage ich.

Bernd Günter denkt einen Moment lang nach. Dann sagt er: »Nein. Ein Hund handelt aus Opportunismus.«

»Warum hält man sich dann einen Hund, wenn Liebe keine Kategorie ist? Wozu die viele Mühe und der Aufwand?«

»Man bekommt Nähe und Wärme von ihm. Der Blick in seine Augen ist wohltuend. Auch wenn der Hundeblick nicht ausdrückt, was ich zu sehen glaube.«

»Ich bilde mir also nur ein, darin Liebe zu erkennen?« Bernd Günter nickt.

»Und? Was denken Sie über Teddy?«, frage ich meinen Gastgeber, als wir gemeinsam den Kaffeetisch abdecken. Gut zwei Stunden haben wir miteinander gesprochen, immer wieder hat er zwischendurch auf dem Tablet oder Handy Fotos seiner Hunde gezeigt. Vom köstlichen Kuchen sind etliche Stücke übrig geblieben, Bernd Günter packt sie uns zum Mitnehmen ein. »Ist Teddy nicht ein schöner Hund?«, setze ich nach. Bislang hat der Fachmann den Hund zwar ausgiebig mit Leckerbissen verwöhnt, aber kein Wort der Anerkennung, kein Ausruf der Begeisterung ist zu hören gewesen. Auch gestreichelt hat er ihn kaum. Günter nickt eifrig. »Ja, prächtig.« Später, als ich längst auf der Autobahn in Richtung Berlin unterwegs bin, wird er eine Textnachricht schicken, die mit den Worten »Teddy ist ein Schatz« endet. Dahinter ein Smiley mit Herzchenaugen.

Bevor wir aufbrechen, bekommt Teddy die dritte und letzte Wurst. Dann beugt Günter sich hinunter und schaut das Tier, das auf seinem breiten Hinterteil treuherzig vor ihm sitzt, intensiv an. Wie ein Hypnotiseur fixiert er seinen Blick. Teddy glotzt eine Weile stur zurück, dann hebt er plötzlich eine Pfote und patscht sie auf die Hand des Mannes. Mit zufriedenem Lächeln dreht sich Bernd Günter um und packt in der Küche einen Kalbsbrust-Knochen für uns zum Mitnehmen ein.

Ein ganzes Arsenal an Bestechungsmitteln ist an diesem Nachmittag zum Einsatz gekommen, um sich der Gunst des Hundes zu versichern. So hat man das also früher gemacht, denke ich. Die Fremdheit mit Leckerbissen überspielt und sich eine Beziehung erkauft. Wie viel sich seither im Verhältnis von Mensch und Hund getan hat, sehe ich an Melanie und den anderen Trainerinnen aus Berlin, die ich für ihre stumme Körpersprache so sehr bewundere. Mit einer einzigen Bewegung bringen sie Teddy zum Parieren.

»Du Liebediener«, sage ich auf der Rückfahrt zu Teddy und schaue ihn missbilligend im Rückspiegel an. »Gibst Pfote im Tausch gegen Wurst und Knochen.« Aber wie könnte ich es ihm übel nehmen, dass er mitgespielt hat? Im Grunde war er ja nur ein tadelloser Gast. Hat getan, was von ihm erwartet wurde. Trotzdem bin ich enttäuscht von meinem Hund. Bemerke deutlich in ihm den Opportunisten, von dem Günter sprach. Einer, der Erwartungen erfüllt, um satt zu werden und es gemütlich zu haben. Die Worte des Fachmanns wirken nach. Doch spätestens am nächsten Morgen, als Teddy mir fröhlich wedelnd entgegenläuft und sich selig auf den Rücken legt, erkenne ich in ihm meinen treuen und hingebungsvollen Freund.

An einem sonnigen Oktobernachmittag laufen Teddy und ich durch die Nachbarschaft, als plötzlich ein Auto neben uns hält. Eine Frau steigt aus und stellt sich als Besitzerin einer Berner Sennenhündin vor. Nach ein paar Höflichkeitsfloskeln über die Freude an dieser Rasse kommt sie umstandslos zur Sache: Ob man sich vorstellen könne, die beiden Tiere zur Fortpflanzung zusammenzubringen? Der Gedanke erwischt mich kalt. »Ich glaube, das ist nichts für uns«, wehre ich spontan ab. Doch schon im nächsten Moment kommen Zweifel. Warum eigentlich nicht, denke ich und beschlie- ße, das Angebot in der Familie zu diskutieren. Geschmeichelt, dass die Vollkommenheit meines Hundes jemanden animiert, ihn als Zuchtbullen einsetzen zu wollen, tauschen wir Telefonnummern aus und verabschieden uns.

Wenig später erreichen wir die Hundewiese. Ich klicke die Leine von Teddys Halsband ab, befehle ihm, sitzen zu bleiben, und gebe ihn einen Moment später mit einer Handbewegung frei. »Lauf!« Mit fliegenden Ohren rast er los, hinüber zu Holly, einer rauhaari- gen Border Terrier Hündin, die so klein ist, dass sie aufrecht zwi- schen den Beinen meines Hundes durchlaufen kann. Holly rollt sich flach auf den Rücken, als Teddy heranstürmt, streckt ihre Bei- ne in die Luft und lässt ihn bereitwillig schnüffeln. Die beiden ken- nen und mögen sich. Neulich hatte ich Teddy bei einem nächtli- chen Gang zur Hundewiese ebenfalls frei laufen lassen, und er ist in rasendem Tempo über die Wiese und weiter auf eine Straße gerannt. Normalerweise verlässt er die durch eine dichte Hecke begrenzte Grünfläche nicht, doch jetzt hielt ihn kein Rufen zurück. Mein Hund lief auf und davon ins Dunkel der Nacht. Irgendein Geruch zog ihn magisch an. Als ich Teddy ein paar bange Minuten später endlich einholte, war klar, was es war: Holly.

»Kannst du dir Teddy als Vater vorstellen?«, fragt mein Sohn, als ich ihm von dem Paarungsangebot erzähle. Wir lachen – so absurd erscheint im ersten Moment der Gedanke, dieses ungestüme Tier würde Verantwortung für ein anderes Lebewesen übernehmen. Doch natürlich würde auch Teddy instinktiv die Rolle eines Hundevaters beherrschen und seinem Nachwuchs spielerisch helfen, die Welt zu entdecken. Ohnehin reagiert er auf kleine Kinder (und ältere Menschen) sehr rücksichtsvoll: Er hält Abstand, stupst sie höchstens zart mit der Nase an.

Da wir uns ja bewusst gegen eine Kastration entschieden hatten, als Teddy zwei Jahre alt war, setzt der Vorschlag der Frau neue Überlegungen in Gang. Ist es moralisch okay, einem Hund jegliches Sexualleben abzusprechen, weil man ihn als Haustier hält? Ich merke, dass die Entscheidung von damals unseren Gewissenskonflikt offenbar nicht gelöst, sondern lediglich verlagert hat: Müssten wir ihm nicht konsequenterweise den sexuellen Akt auch in der Praxis erlauben, wenn wir ihn schon theoretisch bewahrt haben? Leidet mein Hund darunter, keinen Geschlechtsverkehr zu haben?

Inzwischen schaue ich mir leidenschaftlich gern Filme über Hunde an. So stoße ich auf eine Dokumentation des Verhaltensforschers Günther Bloch, der über lange Zeit ein Rudel verwilderter Haushunde in der Toskana beobachtet hat. Nur die Leittiere des Rudels haben das Privileg, sich mit den Hündinnen zu paaren, zeigt Blochs Film »Die Pizza-Hunde«. Alle anderen Rüden leben enthaltsam.

»Hunde und Wölfe haben bestimmt Spaß an Sex. Aber ob sie ihn brauchen, um glücklich zu sein, hängt von uns ab: Wie entspannt wir mit ihrer Sexualität umgehen und ob wir ihnen einen anderen Sinn im Leben bieten können. Wichtiger als viel Sex ist für Hunde, anerkanntes Mitglied einer starken, harmonischen Gemeinschaft zu sein«, sagt Günther Bloch. Seine Worte klingen weise und bestärken mich im Entschluss, Teddy nicht als Deckrüden einzusetzen. Der Hund spielt längst eine so herausragende Rolle in unserer Familie, dass ihn das, folgt man dem Gedanken Blochs, restlos befriedigen muss. Ich rufe die Frau an und sage das Paarungs-Angebot ab. »Wir haben das Gefühl, Teddy würde nach dem Akt größenwahnsinnig«, begründe ich die Entscheidung. Trotzdem bleiben Gewissensbisse. Ist sein Leben womöglich zu fad? Bevormunden wir ihn zu sehr?

Es ist paradox: Eigentlich werden Hunde dafür geliebt, dass sie keine Menschen sind – aber man bringt sie zu Friseuren und Masseuren, kauft ihnen Wasserbetten, verschreibt ihnen Psychopharmaka, macht ihnen die Nägel. Früher schliefen Hunde in Hütten vorm Haus und kamen in den Zwinger, wenn man keine Zeit für sie hatte. Heute nehmen viele Menschen ihre Tiere mit ins Bett. Wir vermenschlichen sie auf allen möglichen Ebenen – doch ausgerechnet ihr Sexualleben sprechen wir ihnen ab. Wir schätzen Hunde wegen ihrer bedingungslosen Liebe zu uns selbst – lassen sie gleichzeitig aber keine Liebesbeziehungen mit ihren Artgenossen führen.

Über die Beziehung zwischen Mensch und Hund sind unzählige Bücher geschrieben worden, aber wie es um die Beziehungsfähigkeit der Hunde untereinander steht – darüber ist wenig bekannt. Ich frage mich, ob Hunde beständige Paarbeziehungen bilden würden, wenn sie es dürften. Im Gegensatz zu Wölfen leben Hunde nicht monogam. Aber ist ihnen deshalb so etwas wie sexuelle Treue automatisch fremd?

Auf der Hundewiese fällt auf, dass Teddy einigen Hündinnen zärtlicher begegnet als anderen: Er winselt in ungewöhnlich hoher Tonlage, wenn er eine seiner Favoritinnen in der Ferne entdeckt, galoppiert auf sie zu und leckt mit der Zunge ihr Ohr, was der Hündin zu gefallen scheint. Dann rennen die beiden Seite an Seite über die Wiese, ihre Leiber so dicht aneinandergepresst, als klebten sie zusammen. In solchen vor überströmender Energie funkelnden Momenten denke ich, das könnte was Ernstes sein.

Die Ethnologin Elizabeth Marshall Thomas erzählt in ihrem bereits erwähnten Buch »Das geheime Leben der Hunde«, wie Misha und Maria – zwei charismatische Huskys, von denen jeder auf seine beziehungsweise ihre Art ein Star im elfköpfigen Hunderudel von Marshall Thomas ist – unter widrigen Umständen zueinanderfinden, sich verlieben und schließlich paaren. Maria wird trächtig und Marshall Thomas erzählt, was passierte, als Misha, kurz nachdem die Hündin geworfen hat, zum ersten Mal seine Jungen sah. »Misha trottete herein, lebhaft und freundlich wie immer, aber beim Anblick von Maria blieb er unvermittelt stehen und änderte seine Haltung schlagartig. Es war, als falle er ganz langsam ein wenig in sich zusammen, während er, ganz allein und regungslos in der Mitte des Zimmers stehend, Kopf, Ohren und Schwanz senkte und Maria unverwandt ansah.« Einen Moment lang blickten sich die Hunde nur an, dann »senkte Misha langsam und ruhig den Kopf noch mehr, ruckte mit dem Bauch, und die Augen keinen Moment von Maria abwendend, erbrach er sich«, heißt es weiter im Buch.

Warum erbrach sich der Hund ausgerechnet in diesem Moment? Um Maria mitzuteilen, dass er sie und die gemeinsamen Kinder ernähren wird, schreibt die Ethnologin. »Er überließ ihr die Nahrung, die er im Augenblick bei sich trug, und dieses Geschenk enthielt das Versprechen, dass mehr nachkommen würde. So versorgen erwachsene Wölfe ihren Nachwuchs.« Zu lesen, dass ein

Hund eine Verhaltensweise seiner wilden Urahnen reflexhaft als Botschaft an eine Hündin in einem neuenglischen Wohnhaus verwendet, hat mich tief beeindruckt. Wenn Hunde so etwas tun – wie kann man da noch an ihrer Liebesfähigkeit zweifeln? Marshall Thomas jedenfalls kommt zu dem Schluss, dass die Macht, die Romeo und Julia zueinandertrieb, nicht weniger stark ist, wenn sie von einer anderen Spezies empfunden wird.

Manche Hundebesitzer nehmen das Sexualleben ihres Haustieres buchstäblich selbst in die Hand. Neulich etwa erzählte mir ein Freund, dass seine Tante ihren Hund regelmäßig masturbiere. Er sei nicht nur überrascht gewesen, als er das hörte, die Vorstellung habe ihn zudem abgestoßen und verstört. In deutschen Wohnzimmern werden weit mehr Hunde auf diese Art befriedigt, als man denkt, vermute ich. Die Praxis wird verschwiegen, weil sie gegen alle Konvention verstößt. Ohnehin wird über Sex wenig gesprochen, und Intimitäten zwischen Mensch und Tier sind ein noch größeres Tabu als innerhalb derselben Art. Dabei hat die Darstellung sexueller Kontakte von Mensch und Tier zumindest kulturgeschichtlich eine lange Tradition.

In der antiken Literatur wimmelt es von Darstellungen artenübergreifenden Geschlechtsverkehrs und Göttern, die junge Mädchen in Tiergestalt verführen; später sind es dann anzügliche Portraits etwa einer Jungfrau in Gesellschaft eines Einhorns oder nackter Nymphen in Begleitung von Hunden, deren Ruten im perfekten Neigungswinkel aufrecht stehen. Midas Dekkers, Biologe und Wissenschaftsjournalist aus Holland, hat mit solchen Bildern sein Buch »Geliebtes Tier« illustriert, das die Geschichte einer innigen Beziehung, so der Untertitel, zwischen den Arten beschreibt. »Offiziell gilt Sex mit Tieren als das Widernatürlichste schlechthin. Doch seit Beginn der Kultur geht der Mensch mit domestizierten Tieren auch direkt körperlich um. Bei so viel körperlicher Nähe ist es einleuchtend, dass die Übergänge zum noch Intimeren manchmal fließend sind«, heißt es bei Dekkers. Als ich das Buch durchblättere, erscheinen mir die gut gemeinten Intimitäten jener Tante aus meinem Freundeskreis mit ihrem Hund harmlos – so explizit ist Dekkes Anschauungsmaterial aus der Hochkultur.

Von einer gelegentlich libidinösen Verehrung von Haustieren berichtet auch Marjorie Garber in ihrem Buch »Die Liebe zum Hund«. Vor allem aus dem 16. und 17. Jahrhundert hat die amerikanische Kulturwissenschaftlerin etliche Beispiele aus der Literatur zusammengetragen, in der sich Frauen von ihren Schoßhunden befriedigen lassen beziehungsweise Hunde die sexuellen Fantasien von Männern befeuern. In dieser Beziehung war man in früheren Jahrhunderten offenbar weniger gehemmt als in der sexuell angeblich so freizügigen Moderne.

Mein Hund macht mir viel Freude und ich tue mein Mögliches, dass er es gut hat, aber in sein Intimleben mische ich mich nicht ein (und er sich nicht in meins). Zugegeben, es gibt Grenzbereiche. Wenn er sich zum Beispiel auf den Rücken legt und ich über seine Lendenbeugen streiche, erstarrt er vor Entzücken. Ich kenne seinen massigen Körper auswendig, weiß alle Stellen, an denen er sich gerne kraulen lässt. Aber erotisch ist das nicht. Eher so, als lause eine Affenmutter ihr Junges.

Je länger ich darüber nachdenke, was Teddy von einem arrangierten Date mit einer Hündin halten würde, desto überzeugter bin ich: Es wäre ein Fiasko. Man lässt zwei Tiere für kurze Zeit aufeinander los, die sich nicht kennen und nicht umeinander geworben haben, die mangels Erfahrung ungelenk sind – wie sollte so eine organisierte Paarung gelingen? Und ist es für die Hunde nicht entwürdigend, unter den wachsamen Blicken der zugehörigen Menschen einen verordneten Liebesakt zu vollziehen? Ein Akt, zu dem man die beiden aktiv Beteiligten womöglich von außen stimulieren muss? Aber vielleicht führt mein menschlicher Blick hier in die Irre. Dass der Mensch sich vom reinen Fortpflanzungswillen der Natur weit entfernt hat, gilt nicht automatisch auch für den Hund. Ihn steuert sein Trieb, und ein Gefühl wie Scham kennt er nicht.

In der Erzählung »My dog Tulip«, einem Klassiker der englischen Tierliteratur, bekommt man ein ziemlich gutes Bild davon, was abläuft, wenn ein Mensch eine Paarung zwischen zwei Hunden arrangiert. Die Geschichte von J. R. Ackerley ist 1956 erschienen und nie ins Deutsche übersetzt worden, und weil sie sich gründlich von den vielen anderen unterscheidet, die ich gelesen habe, muss ich hier ein bisschen ausholen und ein paar Details aus dem Leben des Autors erzählen.

J. R. Ackerley war Lektor und schillerndes Mitglied der Londoner Literaturszene der Nachkriegszeit, die wenigen Bücher, die er vor seinem Tod 1967 (er wurde 71 Jahre alt) veröffentlicht hat, sind von großer – in der Zeit ihrer Entstehung sehr gewagter – Offenheit etwa in Bezug auf seine Homosexualität geprägt. Entsprechend unverblümt erzählt er auch in »My Dog Tulip« von seinen Bemühungen, den passenden Partner für seine Hündin zu finden. Es erzählt von frustrierenden Begegnungen mit autoritären Hundebesitzern und scheiternden Paarungen mit anderen Schäferhunden. Irgendwann gibt Ackerley auf, und ein Mischlingshund aus der Nachbarschaft, an dem Tulip Gefallen gefunden hat, kommt erfolgreich zum Zug. Vor den Mitbewohnern in seinem Londoner Mietshaus verheimlicht, bringt Tulip ihren Wurf in Ackerleys Wohnung zur Welt. Befriedigt, dass er es seiner Hündin ermöglichen konnte, ihre Fortpflanzungsorgane zu gebrauchen und ihren Mutterinstinkt auszuleben, schließt er das Kapitel mit Worten der Erleichterung, dass die aufwendige Unternehmung glücklich überstanden ist.

Schließlich schildert Ackerley, wie er seine Hündin während einer späteren Läufigkeit in einen Wald in der Nähe der Stadt bringt, um sie vor der Zudringlichkeit der Rüden zu beschützen. Sie gehen zu einem Fluss, in dessen Wasser sie ihre geschwollene Vulva kühlt, ihre Zitzen, ihr Hinterteil. Hier draußen läuft Tulip frei herum und tötet ein Kaninchen, hier verflechten sich alle möglichen Ebenen der Natur in einem grandiosen Finale.

Die Botschaft des Autors – in vieler Hinsicht ein Avantgardist – ist klar: Er wirbt mit der Beschreibung seines glücklichsten Lebensabschnitts (als solchen hat er die Zeit mit seiner Hündin selbst bezeichnet) für ein tieferes Verständnis von Hunden. Seine Geschichte ist revolutionär in einer Zeit, in der Tierärzte empfahlen, Hündinnen während ihrer Läufigkeit in einem Heim unterzubringen, bis sie für andere Hunde nicht mehr interessant sind, weil es »einfacher und sauberer« sei. »Hunde sind nicht schwer zu verstehen. Man muss sich nur in ihre Lage versetzen«, lässt Ackerley eine Tierärztin in »My Dog Tulip« sagen. In seinem Buch beweist er, dass dies möglich ist.

Die Momente, in denen ich mich am wenigsten in Teddys Lage versetzen kann, sind jene, in denen ihn sein Sexualtrieb übermannt. Um solche Ausnahmesituationen besser steuern zu können, suchte ich während seiner Pubertät bei einer auf Naturheilverfahren spezialisierten Tierärztin Rat. Die Empfehlung hatte ich von Bekannten aufgeschnappt. Ein starker Trieb lasse sich erstaunlich gut mit homöopathischen Mitteln ausgleichen, hieß es.

In der Praxis standen Terrarien und eine Menge Topfpflanzen, auch Mineralien und Weidenkörbe voll getrockneter Kräuter. Der vollgepackte Raum hatte den Charakter einer Studierstube, und weil die Ärztin keinen weißen Kittel trug, trottete Teddy trotz seiner ausgeprägten Medizinerinnen-Phobie arglos hinein. Zur Begrüßung hielt die Ärztin ihm freundlich kleine Trockenfische hin, doch er lehnte nach argwöhnischem Schnuppern ab. Jetzt schien ihm die Sache unheimlich zu werden und er zog hartnäckig in Richtung Tür. Die Ärztin ließ das unbeeindruckt, sie tastete den Hund ausführlich ab und lobte seine Statur.

»Nehmen Sie ihm die Pornoheftchen weg!«, eröffnete die Homöopathin das Gespräch. Als ich verdutzt schaute, ergänzte sie: »Verbieten Sie Ihrem Hund auf Spaziergängen, zu schnüffeln.« Das wird nicht funktionieren, schoss es mir durch den Kopf. Jeder Spaziergang wäre eine Tortur für Hund und Mensch. Zudem widerstrebte mir der Gedanke, auch die wenigen sexuellen Freiheiten, die das Haustier überhaupt hat, zu verteufeln. Aber das sagte ich nicht laut, denn ich mochte mit der Ärztin – eine resolute, dunkelhaarige Frau mit großer natürlicher Autorität – nicht streiten.

Ich schilderte ihr die Komplikationen, die Teddys Trieb auslöste. Die Ärztin ließ das unbeeindruckt. Eine Kastration, fand sie, wäre keine Lösung: »Für Mensch und Tier gilt dasselbe: Die Keimdrüsen haben eine Funktion und mit den Begleiterscheinungen muss man leben.« Einen rundum gesunden Hund sollte man nur dann unfruchtbar machen, wenn es einen medizinischen Grund gibt – etwa die Gefahr von Prostatakrebs im Alter.

Um Teddys Trieb zu beruhigen, empfahl sie Mönchspfeffer, ein pflanzliches Arzneimittel, das, wie ich später nachlesen würde, angeblich auch Frauen bei Beschwerden in den Wechseljahren hilft. An dieser Stelle hatte ich Gemeinsamkeiten mit Teddy nicht erwartet.

Außerdem empfahl sie Bewegungsspiele. Trampolinspringen zum Beispiel sei toll für Hunde, weil es die Muskulatur stärke. Cavaletti-Training – eine Art Hindernislauf aus dem Pferdesport – verbessere ihre Koordinationsfähigkeit. Auch von Rally Obedience, einem Zirkeltraining für den Hund, schwärmte sie enthusiastisch. »Beschäftigen Sie Ihren Hund, damit er nicht auf dumme Gedanken kommt. Hunde sind extrem intelligente Wesen und müssen gefordert werden«, gab sie mir als Empfehlung mit auf den Weg.

Eine Zeit lang habe ich Teddy Mönchspfeffer verabreicht, aber als die Globuli immer öfter auf dem Küchenboden auftauchten, hörte ich damit auf. Sein Sexualtrieb lässt sich damit ohnehin nicht regulieren. Er flammt, je nach Jahreszeit, mal mehr, mal weniger auf. Dann hilft nur strenge Führung an der Leine.

Jedes Mal, wenn Labradore, Königspudel oder Golden Retriever aus dem Freundeskreis bei uns reinschauen, steuern sie zielstrebig Teddys Futternapf an und fressen mögliche Reste auf. Teddy schaut ihnen ungerührt zu. Als würde er sich wundern, dass man dem öden Fraß so viel abgewinnen kann.

Nun könnte man einwenden, ein gefüllter Fressnapf habe nicht einfach so herumzustehen. Schon Trainerin Astrid hat in Teddys Sturm- und Drangzeit stirnrunzelnd darauf hingewiesen, der gefüllte Napf dürfe dem Hund nur zu festen Essenszeiten zugänglich sein. Offenbar kann man dem Hund beim Thema Fressen, diesem elementaren Instinkt, etliche falsche Signale senden. Ihn beispielsweise mit der Hand zu füttern, festigt in der Welpenzeit die Bindung und ist deshalb in Ordnung – später aber dringend zu unterlassen, weil der Hund sich irrtümlich als Rudeloberhaupt verstehen könnte.

Als Faustregel gilt: einen ausgewachsenen Hund höchstens zweimal täglich füttern und ihn währenddessen nicht ablenken. Stellt man ihm dagegen rund um die Uhr Futter zur Verfügung, entwickelt sich ein Machtspiel: Der Hund verweigert oder verteidigt das Fressen. Er leitet aus der Entscheidung, wann er wie viel zu sich nimmt, einen Führungsanspruch ab.

Nun ist Teddy aber ein Hund, den man zum Fressen eher verführen muss als andersherum. Selbst wenn er ausgehungert ist, stürzt er sich nicht mit Heißhunger auf seinen Napf. Sobald er vernimmt, dass jemand seine Schüssel klackernd mit Trockenfutter füllt, trottet er gemächlich in Richtung Küche und lässt sich, einen seiner Vorderläufe lässig unter den Oberkörper geschoben, auf der Türschwelle nieder. Aus etwa einem Meter Abstand beobachtet er mit erhobenem Kopf die Bereitstellung seiner Mahlzeit. Werden als letzter Schritt ein paar Tropfen Fischöl über das Futter geträufelt – eine vorbeugende Maßnahme gegen Hautreizungen und Arthritis – erhebt er sich im Zeitlupentempo, macht einen Schritt auf den Napf zu und beginnt raschelnd, sich mit seiner langen Zunge kleine Bröckchen Futter ins Maul zu schaufeln. Beendet wird die Mahlzeit am Wassernapf einen Schritt weiter links. Jetzt erfüllt ein mächtiges Schlabbergeräusch den Raum.

Teddys Unlust zu fressen korrespondiert mit seinem bedächtigen Gemüt. Auch scheinen Hütehunde weniger aufs Fressen fixiert als etwa Jagdhunde, die ständig in Bewegung sind und mehr Energie verbrennen. Zudem haben Berner einen empfindlichen Magen (was unter anderem auf die Erbgutveränderung der Rassezucht zurückzuführen ist). Und, klar, ein bisschen liegt es auch am Inhalt des Napfs, der von menschlicher Vernunft gesteuert ist: Nach einer schlimmen Futterkrise, von der weiter unten die Rede sein wird, sind wir dem Rat der Tierärztin gefolgt und ernähren den Hund konsequent mit einem hypoallergenen Futter. Für Abwechslung sorgt die Darreichungsform: Mal bekommt er es als Nassfutter aus der Dose, mal in trockene Pellets gepresst. Für die Pflege von Teddys Zähne haben sich Kausnacks aus Rinderhaut bewährt.

Doch Teddys Diät wird nicht zum Dogma erhoben. Wenn ihm die Verkäuferin ein Wiener Würstchen über die Theke ihres Marktstandes reicht, darf er es fressen. Zudem liebt er weißen Joghurt und Hüttenkäse, auch Parmesan, Kochschinken und Hühnchen – alles kein Tabu. Auf der hypoallergenen Grundlage lässt sich schnell identifizieren, welches Extra gegebenenfalls seine Verdauung stört. (Das notorische weggeworfene Brötchen etwa, das Hunde im Rinnstein finden und herunterschlingen. Oder der Napf voll ultrahocherhitzten Industriefutters, der im Tierbedarfsgeschäft direkt neben dem Eingang steht. Von solch nährstoffarmen Zufallsfunden ist Teddy ähnlich fasziniert wie vegetarisch ernährte Kinder, die plötzlich einen Hamburger vorgesetzt bekommen.)

Die Art und Weise, wie Hunde heute gefüttert werden, spiegelt ihre veränderte Rolle in der Gesellschaft: Früher gab es Tischabfälle für das Tier, heute wählt man aus einer Überfülle an Möglichkeiten und Produkten das, was am besten zum eigenen Lebensstil und zur Weltanschauung passt. So wie auch wir Menschen zunehmend darauf achten, wo unsere Nahrung herkommt und was sie enthält, bekommt auch die Zusammensetzung von Hundefutter eine neue Bedeutung. Seit einiger Zeit setzt sich das sogenannte Barfen – ein an den Fressgewohnheiten von Wölfen orientierter Ernährungsstil – als großer Trend durch. Barf ist ein Akronym, das zunächst für born again raw feeder (wiedergeborene Rohfresser) stand und später wegen seines (an die Born Again Christians angelehnten) ideologischen Untertons in bones and raw foods umgewandelt wurde (Knochen und rohes Futter). In Deutschland wird es mit »biologisch artgerechte Rohfütterung« übersetzt. Barf-Rationen werden vom Hersteller tiefgekühlt geliefert und umfassen neben reinem Fleisch auch Knorpel, Sehnen, Bänder und Innereien. Weil das Futter ohne künstliche Zusatzstoffe auskommt, gilt es als besonders natürlich und gesund. Von einem überzeugten Barfer habe ich gehört, die Methode habe seinen Hund erfolgreich von Allergien und Unverträglichkeiten befreit.

Am anderen Ende des Futterspektrums steht ein weiterer radikaler Trend: sein Haustier rein pflanzlich zu ernähren. Man kann das tun, es schadet ihm gesundheitlich nicht. Aber soll man es tun?

Der Journalist Alard von Kittlitz hat sich in seinem Text »Des Pudels Grünkern« dem Thema philosophisch genähert. »Einen Hund vegan zu ernähren bedeutet, das Tier noch weiter der Natur zu entreißen, es hinüberzuzerren in die schreckliche, weil so rein geistige Domäne des Ethischen«, urteilt er. Barfer entwickeln ihr Ernährungskonzept aus dem Anspruch, der Natur des Hundes möglichst nahe zu kommen. Veganer hingegen handeln aus der eigenen Überzeugung heraus: Sie treffen eine Entscheidung für sich selbst, nicht für den Hund.

Grundsätzlich sind Hunde Allesfresser, so wie wir Menschen auch. Doch das richtige – also auf individuelle Bedürfnisse und Unverträglichkeiten abgestimmte – Futter kann jedes Hundeleben verlängern, heißt es. Ich habe das Thema anfangs unterschätzt. Zunächst hatten wir Teddy mit hochwertigem Trockenfutter ernährt, das uns die Züchter empfohlen hatten. Doch nach knapp zwei Jahren rührte er dieses Futter plötzlich nicht mehr an. Das sei normal und läge an der Pubertät, sagte die Züchterin, als ich sie telefonisch um Rat fragte. »Sein Hormonhaushalt stellt sich um, manche Gerüche und Aromen mag er jetzt nicht mehr.«

Auf der Suche nach neuem Futter machte ich einen groben Anfängerfehler: Statt, wie es richtig gewesen wäre, den Hund schrittweise in kleinen Portionen an das neue Futter zu gewöhnen und zu beobachten, wie er es verträgt, setzte ich ihm arglos jeden Tag etwas Neues vor. Heute schnittfeste Hundewurst aus Ziegenfleisch, morgen Hirsch mit Kartoffel und Quitte aus der Dose, am nächsten Tag ein Komplettmenü aus Bio-Puten mit Kürbis und Rote Beete. Das wilde Durcheinander unterschiedlicher Aromen und Konsistenzen erfreute den Hund zwar sichtlich beim Fressen, schlug ihm aber nachhaltig auf den Magen: Teddy litt unter chronischem Durchfall. Es dauerte Wochen, bis er einigermaßen wiederhergestellt war.

Um den geschwächten Hund zu stärken, suchte ich erneut bei der Homöopathin Hilfe. Hundefutter sollte frisch sein, erklärte sie mit derselben Entschlossenheit wie beim ersten Gespräch, eine Kombination aus gekochtem Fleisch und Gemüse sei ideal, am besten selbst gekocht. »Mischen Sie möglichst viel grünes Gemüse unters Futter, am besten Kopfsalat, Giersch oder Brennnesseln. Für die Darmflora braucht er Sauerkrautsaft oder Brottrunk. Und geben Sie ihm Cina Globuli, wenn er Würmer hat, das hilft auch gegen nervöse Überreizung.« Ich schrieb eilends mit, als bereits weitere Ratschläge folgten: »Propolis ist gut fürs Immunsystem und Wermutkraut verbessert die Verdauung, übergießen Sie einen Teelöffel mit einem Viertel Liter Wasser und lassen Sie es zehn Minuten stehen.«

Ich verließ die Praxis mit dem Gefühl, in der Ernährung des Hundes alles falsch gemacht zu haben. Aber wie sollte das gehen, jeden Tag frisch für ihn zu kochen, wenn mir das nicht mal für die Kinder und den Rest der Familie gelang? Wie sollte ich Teddy dazu bringen, Salat zu fressen und Sauerkrautsaft zu trinken? Die Rückmeldung des Hundes war eindeutig: Jegliches Gemüse, das ich unter sein Trockenfutter mischte, blieb im Napf liegen. Teddy fraß penibel drum herum. Auch das Wermutkraut verschmähte er – sogar dann, wenn als Anreiz ein Stück Schinken darin versteckt war. Jetzt trat die Tierärztin mit dem hypoallergenen Futter auf den Plan.

Teddys beständige Diät erspart ihm Durchfälle und stabilisiert seine Gesundheit. Doch wie bei der Kastrationsfrage – er wird zwar nicht seiner Potenz beraubt, kommt aber sexuell trotzdem nicht zum Zug – bleibt ein schales Gefühl. Gestalten wir das Hundeleben zu freudlos protestantisch? Ist sein Essen zu fad und zu wenig abwechslungsreich? Sehnt er sich nach dem verlorenen Paradies rohen Fleischs? Oder geht es ihm schlicht darum, irgendwie satt zu werden? Wie auch immer man die Sache betrachten will – Teddys

Ernährungsweise ist nicht selbst gewählt, sondern wird ihm von uns Menschen vorgegeben. Das ist Teil des Deals, den vor vielen tausend Jahren der Wolf einging, als er sich domestizieren ließ und daraus der Hund entstand. Der Wolf gab seine Freiheit auf und bekam im Gegenzug Essen frei Haus geliefert. Indem Teddys Urahnen aus der freien Natur in die vom Menschen regulierte Natur wechselten, verspielten sie ihr Recht auf Zügellosigkeit und selbst beschaffte Beutekost.

Die Futterfrage veranschaulicht, wie weit sich der Hund von seinem ursprünglichen Wesen entfernt hat: Äußerlich hat er den Anschein einer Naturgewalt, doch tatsächlich ist er ein menschengemachtes Kulturprodukt, das in der freien Natur nicht überleben könnte, weil sein Organismus das, was er fressen würde, nicht verdauen kann. Vorausgesetzt, er wäre überhaupt fähig, sich Nahrung zu besorgen. Auch wenn einige Hunderassen die Fähigkeit zu jagen nicht verloren haben, scheint ihnen das Wissen, was mit der Beute zu tun ist, abhandengekommen zu sein. Einmal habe ich Teddy zufällig dabei beobachtet, wie er einem kleinen Vogel im Blumenbeet mit seiner Pfote versehentlich einen tödlichen Schlag versetzte. Was geschehen war, schien ihn selbst zu überraschen: Ohne weiteres Interesse an seiner (wohl eher zufällig gemachten) Beute, wandte er sich ab.

Über die artgerechte Ernährung eines Hundes nachzudenken, ist ähnlich komplex wie die Frage, wie artgerechte Ernährung des Menschen auszusehen hat. Es gibt Regalwände voll Expertenliteratur zu diesem Thema und jeder muss sich seinen eigenen Weg durch den Dschungel bahnen. Auf der Hundewiese werden unter Hundebesitzern laufend alle möglichen Futtervarianten diskutiert. Manche schwören auf komplette Kaninchen inklusive Darminhalt und Fell (PREY). Auch Algen und pulverisierte Fliegenlarven (voll wertvoller Proteine!) sind Thema, und natürlich werden die Namen aller möglichen Futterproduzenten ausgetauscht. Jeder preist sein Futter-Modell so leidenschaftlich an, als gelte es, zusätzlich auch das eigene Lebensmodell zu verteidigen. Das kenne ich schon aus der Zeit, als die Kinder klein waren und Mütter das Gefühl hatten, sich ständig rechtfertigen zu müssen – dafür, ob man Voll- beziehungsweise Teilzeit arbeitet, seine Kinder selbst beaufsich- tigt oder fremdbetreuen lässt. Je unsicherer man ist, scheint mir, desto nachdrücklicher vertritt man den eigenen Entwurf. Das gilt für Hundefutter genauso wie für Kindererziehung.

Was den Hund selbst betrifft, ist kein aussagekräftiges Urteil über sein Futter von ihm zu erwarten. Ähnlich wie beim erkrankten Hund, gilt es auch beim Fressen, ihn zu beobachten und sein Ver- halten zu interpretieren. Darüber hinaus lässt auch das, was er aus- scheidet, Rückschlüsse zu – also das, was ich regelmäßig mit einem sogenannten Kotbeutel auf Straßen und in Parks aufklaube.

Die Analyse seiner Ausscheidungen ist ein wichtiges Kommu- nikationsmittel zwischen Mensch und Hund. Bislang habe ich noch nicht herausfinden können, nach welchen Kriterien er die Stelle aussucht, an der er sich entleert. Aber wenn er beim abend- lichen Spaziergang durchs Viertel beginnt, sich auf einem Rasen- stück mehrmals langsam und suchend um sich selbst zu drehen, weiß ich, es ist so weit. Dann senkt er sein breites Hinterteil zu Boden und richtet den Oberkörper weit auf, die Vorderläufe so eng nebeneinandergesetzt, dass sein Körper eine Art Dreieck bil- det, ein Stativ. Meist schaut er in die Ferne, als liefe am Horizont ein spannender Film.

Teil 3

SEHNSUCHT NACH DEM UNGEZÄHMTEN

Der Hund und ich laufen durch die Stadt, als in der Nähe plötzlich ein Martinshorn ertönt. Schon fährt ein Polizeiwagen mit Blaulicht an uns vorüber und Teddy stimmt, seine Schnauze in den Himmel gereckt und den Kopf in den Nacken geworfen, lauthals in das Geheule ein.

Das Auf und Ab der Sirene erinnert ihn an das Chorgeheul seiner Urahnen, den Wölfen. Es gefällt mir, an Teddy einen Hinweis auf seine archaischen Kräfte zu bemerken. Auch seine Angewohnheit, flache Vertiefungen in den Sandboden zu graben und dort die heißen Stunden des Tages zu verschlafen, liegt in seinen wölfischen Genen. Reißt er sein Maul krokodilsgleich auf und präsentiert mir sein furchterregendes Gebiss, dann kann ich ihn mir gut als Mitglied eines Rudels in der freien Natur vorstellen, aber womöglich klaffen hier Vorstellung und Wirklichkeit weit auseinander, denn neulich ist Teddy angstvoll geflohen, als ihm eine kleine schwarze Katze über den Weg lief.

Es ist paradox. Ich trainiere dem Hund das Wilde und Freie, das Fremde und Unberechenbare ab, damit ich ihn leichter kontrollieren kann. Und gleichzeitig weckt er in mir diese diffuse Sehnsucht nach Ursprünglichkeit. Ich schätze seine freundliche, kultivierte Gesellschaft und gleichzeitig auch den Kitzel, dass er jederzeit die Grenze überwinden und dem Unbändigen Raum geben könnte. Im Hund scheint immer wieder der Wolf auf und umgekehrt, je nach Blickwinkel als Bedrohung oder als Möglichkeit.

Vielleicht hält meine hundeerfahrene israelische Freundin Lily wegen dieses Zwiespalts jede Anstrengung, einen Hund zu erziehen, nicht nur für überflüssig, sondern falsch. »Ich möchte keinen dressierten Hund haben«, hat sie bei einem Besuch in Teddys Welpenzeit gesagt und missbilligend die Stirn gerunzelt, als ich den kleinen Hund aus dem Esszimmer verbannte, damit er bei Tisch nicht bettelt. Aus Sicht der Freundin verfälschen Hundeschulen den Charakter des Tieres und machen ihn zum Kunstprodukt. Aber wie viel Wildheit erträgt ein Apartment in Tel Aviv oder ein Haus in Berlin? Und wie viel Wölfisches steckt überhaupt in meinem Hund?

Rein biologisch betrachtet, ist die Sache klar: Die DNA von Wolf und Hund gleichen sich zu 99 Prozent. Genetisch sind Hunde weitgehend Wölfe geblieben. Aber auch die DNA von Menschen und Schimpansen stimmt zu über 99 Prozent überein – und beide Spezies unterscheiden sich fundamental. Neben den Genen beeinflusst das Umfeld die Entwicklung eines Lebewesens. So hat sich das Verhalten der Wölfe gründlich verändert, als einige von ihnen vor Zehntausenden von Jahren die Nähe des Menschen suchten und sich in der Folge der Wandel vom Wolf zum Hund vollzog.

Ich will mehr über Teddys Urahnen herausfinden. Jetzt, kurz vor Sonnenaufgang an einem Tag im Herbst, klappe ich auf einer struppigen Wiese unweit der Grenze zu Polen einen Campingstuhl auf. Hier, am östlichen Rand Brandenburgs, begann Ende der 1990er Jahre die Rückkehr der Wölfe nach Deutschland. Zuvor waren sie gnadenlos gejagt worden und galten seit Mitte des 19. Jahrhunderts in Deutschland als ausgerottet. Nur gelegentlich wanderte mal ein einsamer Wolf aus Polen in die DDR ein, wurde dort aber erschossen. Seit 1990 stehen Wölfe in Deutschland unter Naturschutz. Um die Jahrtausendwende bekamen zwei aus dem Baltikum über Polen eingewanderte Elterntiere erstmals Nachwuchs. So gründete sich das erste Rudel Eurasischer Grauwölfe in der Oberlausitz.

Früher wurde in der Talsenke zu meinen Füßen Braunkohle abgebaut, inzwischen ist aus dem Tagebauloch ein Baggersee entstanden und ein Wäldchen aus Birken und Schwarzkiefern renaturiert worden. Hinter meinem Stuhl liegt Teddy ausgestreckt im Gras. Neben mir hockt der brandenburgische Wolfsbeauftragte Steffen Heiber, 54 Jahre alt und ehemals Abräumbaggerfahrer. Heute arbeitet er nach einer Umschulung hauptberuflich als Rettungssanitäter und beschäftigt sich ehrenamtlich mit Wölfen.

In der Morgendämmerung stehen die Chancen, einen Wolf zu sehen, am besten. Die Tiere jagen nachts und schlafen tagsüber, bei Tagesanbruch kehren sie mit ihrer Beute im Magen ins Revier zurück und würgen sie hoch, um ihre Welpen zu füttern. Heiber hat mir ein Fernglas und einen Camouflage-Blouson zum Überziehen gegeben, wohl mehr als Schutz gegen die vielen Mücken auf der Wiese denn als Tarnung. Zudem sprayen wir uns mit Mückenschutz ein, auch den Hund reibe ich damit ab. Heiber deutet auf ein kleines Waldstück, das sich ein paar hundert Meter entfernt zu unseren Füßen erstreckt. »Da sind die Grauen drin«, sagt er, »da haben sie ihre Höhle.« Werde ich tatsächlich einen Wolf zu Gesicht bekommen? Einer Art unverfälschtem Teddy begegnen?

Während der Pandemie ist mit jedem weiteren Hundespaziergang in der Stadt oder in einem umzäunten Park mein Verlangen nach freier Natur gewachsen, nein, nicht nur Natur – nach allem, was ungezähmt, echt, vielleicht sogar bedrohlich ist. Denn natürlich sehe ich im Wolf kein beliebiges, harmloses Wildtier. Mein Bild von ihm ist geprägt von Äsops Fabel, in der er ein unschuldiges Schaf reißt, und vom Märchen der Grimms, in dem er eine Großmutter und deren Enkelin frisst. Aus Fantasyfilmen kenne ich ihn als mystisches Wesen, das gelbe Augen hat und den Mond anheult.

Er ist als Räuber des Waldes beschrieben worden, ist Sinnbild für Gier und Gewalt. Mein Wunsch, eins dieser Märchenwesen persönlich zu sehen, äußert sich nun in einem Gefühl gespannter Erwartung. Auch wenn es pathetisch klingt: Womöglich projiziere ich auf das Tier die Sehnsucht nach einem Naturerlebnis, das mich mit dem Zynismus und der Unzulänglichkeit der modernen Welt versöhnt.

Von einem inneren Wolf spricht die Autorin Petra Ahne in ihrem Buch »Wölfe« und sieht in ihm einen Schatz, den es zu heben gilt. Sie erkennt in ihm die Verbindung zu einem intuitiven Miteinander und zur Natur selbst. »Die Wölfe scheinen den Weg zu einer Wahrheit zu weisen, die im normalen Menschenleben verstellt ist [...]. Indem sie ihre Fremdheit in den Wald unserer Spaziergänge tragen, machen sie aus ihm einen reicheren, geheimnisvolleren Ort. Einen, der den Menschen spüren lässt, dass hier eine größere Ordnung gilt als die, die er zu seinem Vorteil geschaffen hat.« Auf kaum mehr als hundert Seiten hat Ahne die Wechselwirkung zwischen dem Menschen und dem sagenumwobenen Wildtier mehr verdichtet, als jedes wissenschaftliche Standardwerk es kann. Wer die Nähe zu Wölfen suche, spiegele ein Bedürfnis, für das der amerikanische Biologe Edward O. Wilson in den 1980er-Jahren den Begriff der Biophilie gefunden hat: Der uns angeborene Drang, eine Verbindung zur Natur zu suchen, weil wir sonst verkümmern. Der Psychoanalytiker Erich Fromm hatte bereits zwanzig Jahre zuvor von der Biophilie als leidenschaftlicher Liebe zum Leben und allem Lebendigen gesprochen. Laut Fromm will der biophile Mensch mehr sein, statt mehr zu haben.

Ein Schwarm Gänse schwingt sich aus der Senke des Baggersees auf und fliegt schnatternd davon. Etwa sechzehn Wölfe gehören aktuell zum Rudel hier im Revier, erzählt Heiber, darunter neun Welpen. Sobald ein Jungtier geschlechtsreif ist, im Alter zwischen

18 und 22 Monaten, geht es auf Wanderschaft und gründet woanders ein eigenes Rudel. In Brandenburg leben derzeit über hundert Wolfsrudel. Jedes Jahr zwischen Januar und März handeln sie ihre Reviere neu aus. Dann werde kräftig markiert, erzählt Heiber. Beim Stichwort Markieren werfe ich einen Blick auf Teddy, der hechelnd in Richtung Bodensenke schaut. Der Hund wirkt elektrisiert, hält ständig die Nase in den Wind und nimmt Witterung auf. Eine Wolke von Mücken hüllt ihn ein.

Inzwischen ist die Sonne aufgegangen und verwandelt die Szene in einen Farbfilm: Vor einem gewittergrauen Himmel hebt sich sattes Grün von Kiefernwäldern ab, dazwischen leuchtet blau der Baggersee. Heiber hält mir seine Wärmebildkamera hin, ein Gerät aus der Militärtechnik, das auch für die Jagd eingesetzt wird. Es beruht auf dem Prinzip von Temperaturunterschieden und lässt Tiere in größerer Entfernung ohne Scheinwerferlicht sichtbar werden. Als ich durch den Sucher des Geräts schaue, sehe ich einen hellen weißen Fleck, der aus der grobkörnigen schwarz-weißen Umgebung heraussticht. Weiß steht auf dem Monitor einer solchen Kamera für Wärme, und Wärme für Leben. Als der Fleck sich bewegt, beginnt mein Herz schneller zu klopfen. Aber es ist nur ein gewöhnlicher Feldhase und kein Wolf, stellt sich heraus.

Wie auf einer Safari sitzen wir mit unseren Ferngläsern da und warten, dass auf der riesigen Brachlandfläche etwas passiert. Heiber, ein Mann von athletischer und hochgewachsener Statur, erzählt, dass er seinem ersten Wolf im Winter 2012 begegnet ist, knapp zehn Jahre ist das jetzt her. Er sei im Wald unterwegs gewesen, um eine neue Fotokamera auszuprobieren, als das Raubtier unvermittelt vor ihm gestanden habe. »Mit seinem Winterfell wirkte es sehr mächtig, aber an der eingeklemmten Rute habe ich gesehen, dass er ein totaler Schisser ist.« Der verschreckte Wolf lief fort, zog sich in die Tiefe des Waldes zurück. Und hinterließ einen Menschen, der, elektrisiert von der kurzen Begegnung, fortan ehrenamtlich alles tun wird, was die Zukunft der bedrohten Art in Deutschland sichert.

Nach der ersten Begegnung dauerte es drei Jahre, bis Heiber den nächsten Wolf zu sehen bekam. Inzwischen sind solche Begegnungen Alltag, denn die Population der Wölfe ist stark gestiegen und als Wolfsbeauftragter kennt er sich mit den Gewohnheiten der Tiere gut aus. Ihre Rendezvous-Plätze – so bezeichnet er die Stellen, an denen die Wölfe sich sammeln – sind ihm so vertraut, dass er zivilisationsmüden Städtern wie mir einen bezahlten Wildnis-Kick verschaffen kann.

»Wenn ich allein im Wald einem Wolf begegne, würde er mich dann angreifen?«, frage ich. Heiber schüttelt belustigt den Kopf.

»Weil er als Welpe ausschließlich Wildtierfleisch kennengelernt hat, sind Menschen keine Beute für den Wolf«, antwortet er.

Es donnert kurz, ein Gewitter kündigt sich an. Der aufziehende Wind bringt Schwung in die Windkrafträder, die man am Horizont sieht. Auch wenn mit dem Ende des Braunkohlebergbaus die vormals ausgebeutete Landschaft renaturiert wird, greift der Mensch mit immer neuen Anlagen ein. Wahre Natur findet sich nur da, wo der Mensch nicht ist – wo er nicht eingegriffen hat. Sie ist selten geworden, und mit ihrem Verschwinden wächst die Sehnsucht danach.

»Da! Ein Wolf!«, ruft Heiber plötzlich. Ich stelle mein Fernglas scharf, und tatsächlich, da trottet in mehreren hundert Metern Entfernung ein Wolf. Wie auf einem Laufsteg präsentiert er sich uns auf einer Böschung. Sein Körper ist gestreckter und seine Beine sind länger als die eines Hundes. Er hat kleine, dreieckige Ohren, die aufgerichtet sind, und trägt seine Rute gesenkt. Der Wolf wirkt mager und sein Fell räudig wie das eines Wildschweins. Vielleicht liegt es an der räumlichen Distanz, aber mein Stelldichein mit dem Wilden habe ich mir eindringlicher vorgestellt. Statt der Grandezza des Raubtiers aus meiner Fantasie treffe ich auf ein Wesen, das wie ein Kojote wirkt, der hungrig eine Müllkippe durchstreift.

Auf unserer Wiese beginnt es zu regnen. Wir raffen Camping-stühle, Ferngläser und Wärmebildkamera zusammen und laufen zum Auto, das am Eingang des Sperrgebiets geparkt ist. Teddy weicht keine Sekunde von meiner Seite, er wirkt ungewohnt an-hänglich.

Kaum ist der Schauer weitergezogen, baut Heiber das Heck sei-nes SUV zu einer Art Autokino um. Er stellt einen Laptop auf die Hutablage und startet einen kurzen Naturfilm. Ich sehe Nahauf-nahmen von Altwölfen beim Füttern ihrer Welpen, und sogar den Paarungsakt eines Rüden mit einer Fähe. In manchen Einstellun-gen erkenne ich Teddy wieder – etwa in der Art, wie der Kopf eines liegenden Wolfes auf seiner Pfote ruht. Oder im Spiel der Welpen miteinander. Die Szenen, in denen die kleinen Wölfe sich am Bo-den wälzen und gegenseitig am Nackenfell packen, rufen das un-gestüme Aufeinandertreffen der Babyhunde in Teddys Welpen-gruppe in Erinnerung.

Die Bilder sind spektakulär – aber eben nur Bilder. Selbst eine Aufzeichnung, die technisch auf höchstem Niveau ist, bildet die Natur nur ab. Sie kommt dem Wesen des Natürlichen nahe, er-fasst es aber nicht vollkommen. Heiber tut sein Bestes, um das Ver-langen der Städterin nach dem Wilden zu bedienen Wie ein Zau-berkünstler zieht der Wolfsbeauftragte eine Überraschung nach der anderen aus dem Hut.

Jetzt kramt er ein zusammengerolltes Plakat aus dem Koffer-raum und breitet es auf dem Sandboden aus. Das etwa fünf Me-ter lange Plakat zeigt die Spur eines Wolfes, der einen sogenann-ten geschnürten Trab gelaufen ist. In dieser Gangart tritt das Tier mit der Hinterpfote in den Abdruck seiner Vorderpfote, sodass sich Doppelabdrücke einseitig hintereinander wie Perlen an einer

Schnur aufreihen. Wenn ein ganzes Rudel im geschnürten Trab unterwegs ist, tritt ein Tier in die Spuren des Vorgängers, zurück bleibt nur eine einzelne Spur. »Das ist einer der Gründe für den Mythos vom einsamen Wolf«, sagt Heiber.

Teddy trottet über das ausgebreitete Plakat und versenkt am Wegrand seine Schnauze im Gras. »Im Gegensatz zum Hund hat der Wolf immer einen Plan. Er weiß genau, was er will«, erklärt Heiber. Hunde müssen sich nicht selbst um ihr Futter kümmern, sie können nach Lust und Laune schnüffeln und flanieren, auch Pausen einlegen. Wölfe dagegen laufen auf der Suche nach Beute oft lange Strecken am Stück. Der geschnürte Trab hilft ihnen, Energie zu sparen.

»Da, schauen Sie!«, ruft Heiber wenig später. Wir spazieren im Brachland umher, unweit der Halde, auf der sich im Morgengrauen der Wolf präsentiert hat. Heiber deutet auf den Lehmboden, wo die Spuren von zwei sehr unterschiedlichen Tieren zu sehen sind. »Da hat ein Wolf ein Wildschwein gejagt.« Teddy nimmt interessiert die Fährte auf, bewegt sich aber keinen Meter von mir fort. Während Wölfe immer ihresgleichen vorziehen, orientiert der Hund sich am Menschen.

Aber was war es, das die ersten Wölfe, mit denen noch in der Eiszeit die Hundwerdung begann, dazu bewog, sich den Menschen zu nähern? Warum bloß ging ein freiheitsliebendes Raubtier freiwillig ein Abhängigkeitsverhältnis ein? Warum haben ein paar von Teddys Wolfsurahnen die Seiten gewechselt – und künftig lieber Schafe gehütet statt sie zu fressen?

Unter Forschern herrscht keine Einigkeit darüber, ob Mensch oder Hund den aktiven Part in der Zähmung spielten. Auch nicht darüber, ob die Hundswerdung in Ostasien, dem Nahen Osten oder Westeuropa begann. Aus der Fülle von Theorien und Geschichten über die Entstehung des Hundes lassen sich zwei Szenarien herausdestillieren. Eine Theorie sagt, dass Steinzeitmenschen die

Welpen einer bei der Jagd getöteten Wölfin aufnahmen und großzogen. Eine zweite Theorie geht davon aus, dass die Wölfe selbst den ersten Schritt hin zur Domestikation machten: Sie schlossen sich vor über 15 000 Jahren aus eigenem Antrieb dem Menschen an, weil sie sich in ihrem Lebensstil ähnelten. Beide jagten in Gruppen und verstanden daher etwas von Kooperation; und beide legten lange Distanzen zurück, um ihre Beute zu erlegen. Wolf und Mensch bildeten eine Jagdsymbiose.

In jedem Fall war die Domestizierung des Wolfes keine Leistung des Menschen. Sie ergab sich einfach. Die eigentliche Zähmung setzte erst ein, als der Mensch sesshaft wurde. Vor etwa 10 000 Jahren begann er, in die Entwicklung der Wildtiere einzugreifen und gezielt zu züchten, er reproduzierte sie nach seinem Geschmack. Seine Beziehung zum Tier änderte sich gründlich. Von den Wolfswelpen blieben nur solche am Leben, die zutraulich und dem Menschen von Nutzen waren. Die anderen wurden getötet.

In einer Übergangszeit wählte man sogenannte Hundwölfe entsprechend ihrer Nützlichkeit für den Menschen aus und kreuzte sie untereinander. Mit jeder weiteren Generation wurden die Tiere zahmer und unterschieden sich schließlich von ihren wilden Vorfahren in Verhalten und Körperbau. Ihre Gebisse wurden kleiner und ihr Wesen wurde sanfter. Im Zuge der Rundumversorgung durch den Menschen verkümmerten bestimmte physische Fähigkeiten, doch das wurde wettgemacht durch eine wachsende soziale Kompetenz des Rudeltiers. So entstand das erste Haustier des Menschen: der Hund.

Voraussetzung der Hundwerdung waren Intelligenz und das ausgeprägte Sozialverhalten, das ihm seine Urahnen mitgegeben hatten: Wölfe leben in Rudeln und jedes Rudel ähnelt den Strukturen einer Familie. Ältere Wölfe helfen bei der Aufzucht der Jungen, und bei der Jagd auf größere Beute arbeiten alle zusammen. Der Hund hat vom Wolf die Veranlagung geerbt, zu kooperieren und sich einer Gemeinschaft anzupassen. Vielleicht wäre es ohne Blickkontakt nie so weit gekommen. Denn seine Fähigkeit, dem Menschen ins Auge zu sehen, unterscheidet ihn fundamental vom Wolf.

Der Evolutionsbiologe Josef H. Reichholf, Fachmann auf dem Gebiet Hund und Wolf, ist der Ansicht, dass die Hundswerdung des Wolfes für die Entwicklung des Menschen ähnlich bedeutsam war wie die Kontrolle über das Feuer und die Erfindung der Sprache. »Über den Hund kam die Vorstellung einer erweiterten Partnerschaft ins Leben der Menschen, eine Symbiose«, schreibt Reichholf in seinem Buch »Der Hund und sein Mensch«. Das Gehirn des Menschen ebenso wie das des Wolfes schrumpften im Zuge der Sesshaftwerdung deutlich, das Soziale gewann die Kontrolle über den reinen Instinkt. Aus Sicht des Biologen ist der Hund nicht bloß ein domestiziertes Tier, sondern ein Lebewesen, das in die innerste Gefühlswelt des Menschen hineinwuchs.

Heute leben geschätzt 500 Millionen Hunde auf der Erde und nur noch etwa 180 000 Wölfe. Während die eine Art eine ungeheure Erfolgsgeschichte erlebt, wurde die andere um Haaresbreite ausgerottet. Und noch immer freut sich nicht jeder über die Rückkehr des Wolfs nach Deutschland: Jäger fühlen sich in ihrem Territorium gestört und Landwirte fürchten, dass das Raubtier ihre Schafe und Ziegen reißt. Als Wolfsbeauftragter führt Steffen Heiber Listen, welcher Betrieb in Brandenburg seine Weiden mit Zäunen geschützt hat und wo Nutztiere gerissen wurden. Damit das Wilde in einer menschengemachten Natur überhaupt existieren kann, werden in den Behörden Wolfsmanagementpläne entworfen: Die Rückkehr der Wölfe soll gefördert und gleichzeitig der Schaden, den sie verursacht, gering gehalten werden. Zwei Drittel der Fälle, in denen ein Wolf ein Nutztier gerissen hat, hätte durch einen Schutzzaun verhindert werden können, referiert Heiber auf unserem Spaziergang. Er sammelt solche Daten, um das Image des Wolfs zu verbessern.

Heiber ist eine Art Buchhalter des Wilden. Er dokumentiert, wie viele Wölfe in Brandenburg geboren werden und wie viele sterben; schickt Kotproben in Labore und schreibt Berichte. Einmal im Jahr tauscht er sich persönlich mit den Wolfsbeauftragten anderer Bundesländer aus, und alle gemeinsam dokumentieren sie die aktuelle Entwicklung dieser streng geschützten Tierart für die Bürokratie der EU.

Als wir durchs Brachland spazieren, um einen weiteren Wolf zu erspähen – einmal kreuzt ein Jungtier in einiger Entfernung auf dem Weg auf, ist aber blitzschnell wieder verschwunden – bleibt Heiber plötzlich stehen und zieht eine Plastikdose aus seinem Rucksack. »Strecken Sie die Hand aus«, fordert er mich auf und schüttet den Inhalt der Dose in meine Handfläche. Ich erkenne Knochenstücke und ein Stück Horn von einem Huf, auch einen Eckzahn in dem Häufchen. Was ich da in der Hand halte, stamme aus der Losung eines Wolfes, erklärt Heiber. Sein Dokumentationseifer hat ihn auf die Idee gebracht, ein Häufchen Wolfskot auszukochen und zu schauen, was an harten Teilen übrig bleibt. »Keine Sorge, ist alles steril.« So steril, dass Teddy nicht mal dran schnüffelt, als ein Teilchen auf die Erde fällt.

Wenn ich beobachte, wie brav sich mein Hund auf den Hintern setzt, um einen Keks zu bekommen, fällt es mir schwer, ihn in eine Linie mit dem Wolf zu bringen, der Rehe und gelegentlich auch Schafe reißt. Ohnehin ähnelt er mit seinem dicken Pelz und den tapsigen Pfoten mehr einem Bär als einem Wolf. Deshalb haben wir ihn als Welpen instinktiv Teddy genannt – und nicht, wie ursprünglich geplant, Wanja. Zum erwachsenen Hund von heute würde auch Wanja passen, denn für mich verkörpert er die empfindsame Seele einer Romanfigur von Dostojewski oder Gontscharow.

Auch wenn in Teddy wie in jedem Hund genetisch der Jagdtrieb des Wolfes steckt, ordnet er sich dem Menschen bereitwillig unter. Sein Instjnkt sagt ihm, dass das von Nutzen für ein gutes Leben ist. Seine Fähigkeit, sich an seine Umwelt anzupassen, ist stark ausgeprägt. Sonst hätte er es nie bis in die Wohnzimmer der Menschen geschafft. Teddys Zutraulichkeit ist das Ergebnis von Züchtung, ebenso sein Aussehen. Bei den Wölfen wurden evolutionär Merkmale selektiert, die seine Überlebenschancen in der freien Wildbahn verbesserten. Beim Hund hat der Mensch bewusst Merkmale selektiert, die für ihn selbst nützlich sind.

An einer Wegkreuzung im Wald steuert Heiber zielstrebig auf einen Baumstamm zu, an dem eine Art Vogelhäuschen hängt. »Da drin ist eine Digitalkamera, und wenn ein Tier daran vorbeiläuft, werden über einen Bewegungsmelder Bilder gemacht«, sagt er und holt die Speicherkarte heraus. Fotofallen nennt man diese Vorrichtungen, die Heiber an Stellen angebracht hat, an denen sich Wölfe aufhalten. Zur Auswertung schiebt er die Speicherkarte in seinen Laptop. Ich sehe ein paar Wildschweine durchs Bild laufen, auch einen Fuchs und einen Dachs. Und irgendwann kommt auch ein Wolf. Er wirkt entschlossener als die anderen Wildtiere, schaut nicht rechts und nicht links, sondern trabt zielstrebig drauflos. Plötzlich erkenne ich eine vierbeinige Gestalt auf Heibers Bildschirm, deren schwarze Haare, Schlappohren und weiße Schnauze mir sehr vertraut sind, gefolgt von einem Mann mit Rucksack und einer Frau in Camouflage-Blouson. Offenbar hatte Teddy, der uns vorausgelaufen ist, die Fotofalle ausgelöst, kurz bevor Heiber die Kamera herausgenommen hat. Anders als die Wildtiere im Film sieht er wohlgenährt aus, und sein Fell glänzt.

Doch wenig später, als wir zurück zum Auto laufen, legt Teddy sich rücklings auf den Feldweg und wälzt sich wie eine Turbine im Sand. Offenbar jucken ihn die Stiche der vielen Mücken. Als er aufsteht, sind die Spitzen seines Fells gepudert mit Staub. Mein Hund ähnelt jetzt stark dem räudigen Wolf auf der Halde bei Tagesanbruch.

»Schade, dass wir die Wölfe nicht heulen gehört haben«, sage ich beim Abschied zu Steffen Heiber. Nickend zieht er sein Handy aus der Hosentasche und spielt ein kurzes Video ab. Er habe instinktiv auf »Aufnahme« gedrückt, als er kürzlich einem Rudel überraschend nah kam und die Tiere im Chor zu heulen begannen, erzählt er. Was dann aus seinem Mobiltelefon erklingt, ist tatsächlich Musik. Die Fähe stimmt den Gesang an und die anderen fallen ein, ihre Laute besitzen die Präzision eines Kanons. Während Hunde nur heulen, singen Wölfe miteinander. Ihre Chormusik geht mir unter die Haut.

Auf der Autofahrt zurück in die Stadt thront Teddy im Kofferraum und schaut aus dem Fenster. Ich sortiere beim Fahren meine Gedanken. Das Wolfsgeheul in meinem Kopf klingt wie das Echo einer archaischen Zeit, in der sich das Dasein von uns Menschen kaum von dem der Tiere unterschieden hat. Es erinnert an die Urgewalt, die die Anthropologin Nastassja Martin als etwas beschrieben hat, das »ständig bereit ist, die fragile Einheit unseres Lebens zu zerreißen.« Auf ihren Forschungsreisen in entlegene Berglandschaften und tiefe Wälder hat die Französin etwas gespürt, das sie als ein »Wollen außerhalb der Menschen« bezeichnet und das ihr den Eindruck vermittelt hat, wir seien nicht die Einzigen, die im Dickicht »fühlen, denken, hören«. Auf einer Forschungsreise im Hochgebirge auf der russischen Halbinsel Kamtschatka begegnete Nastassja Martin 2015 dem Wilden in seiner unmittelbarsten Form: Die 35-Jährige wird von einem Bären angefallen und kämpft mit ihm. Sie überlebt schwer verletzt und ringt in ihrer Genesungszeit auch mit der eigenen Identität. »Es ist eine Geburt, da es ganz offensichtlich kein Tod ist«, heißt es auf der ersten Seite ihrer gewaltigen autobiografischen Erzählung »An das Wilde glauben«. Eine Geburt – kein Angriff oder gar Unglück. Und später: »Da war dieses unbegreifliche *Wir*, ein *Wir*, von dem ich dunkel ahne, dass es von weither kommt, aus einer Vergangenheit, die weit hinter unsere begrenzten Existenzen zurückreicht.«

Wie Nastassja Martin spricht auch der britische Autor John Berger vom tiefen Bedürfnis des Menschen, in Kontakt mit seinen Urahnen zu treten und Verbindung mit dem Archaischen aufzunehmen. »Alle Geheimnisse handeln davon, dass Tiere Vermittler zwischen dem Menschen und seinem Ursprung sind«, hat Berger Anfang der Achtzigerjahre in seinem Essay »Warum sehen wir Tiere an« geschrieben. Der Wolf stellt für mich so eine Verbindung zum Ursprünglichen her. Und verkörpert nicht auch Teddy diese Kraft, frage ich mich nach dem Vormittag im Wolfsrevier. Der Hund bringt mein Gefühl und meinen Verstand in Einklang, seine Gegenwart macht mich komplett. Wie in jeder großen Liebe hat er ein Vakuum gefüllt.

An einem heißen Sommernachmittag verstaue ich meinen Laptop, eine Kiste voller Bücher, Zeitschriftenartikel und Papiere, einen Koffer mit Anziehsachen und einen Karton mit Lebensmitteln im Kofferraum des Autos. Vier Wochen lang werde ich aus meinem Großstadtleben aussteigen und an einen verlassenen Ort in der Uckermark ziehen, um den letzten Teil dieses Buches zu schreiben. Die Auszeit gibt mir Gelegenheit für ein Experiment. Was passiert, wenn die Natur einen Monat lang wesentlicher Bestandteil meines Tageslaufs ist? Wenn Wiesen, Wald und Seen mein Resonanzboden sind? Zunächst werde ich vollkommen allein da draußen sein, nach einer Weile allein mit Hund, das ist der heilige Plan. Erst wenn ich mich eingelebt hätte und eine Zeit lang rücksichtslos meinem eigenen Rhythmus gefolgt wäre, würde mein Mann Teddy vorbeibringen.

Ein paar Stunden später rumpelt mein Wagen über einen Kopfsteinpflasterweg etwa hundert Kilometer nördlich von Berlin. Ich fahre an einer Reihe dicht aneinandergebauter Häuser vorbei, über deren Dachrinnen und Außenmauern ein Stromkabel wie eine Lichterkette liegt. Dann geht der Weg in einen Feldweg über und das Offene beginnt. Hier, am Dorfausgang, stehen die Ruinen einer Gutsanlage: Zwei Stallgebäude ohne Dach und ein kleiner Tümpel, in dessen schlickverhangenem Wasser ein Schwan wie in Zeitlupe seine Runden dreht. Das Gutshaus diente nach dem

Krieg als Flüchtlingsunterkunft und zu DDR-Zeiten als Verkaufs-
raum des örtlichen Konsums. Später stand das Gutshaus leer, nach
einem Sturmschaden ist es stark verfallen.

2012 verguckte sich dann eine Wissenschaftsjournalistin aus Berlin in die denkmalgeschützte Ruine (und auch in die Wildbienen,
Kraniche, Frösche, Kröten und Lurche auf dem Grundstück; in den
angrenzenden, von sumpfigen Erlenbrüchen durchzogenen Bu-
chenwald und die mächtige Rotbuche mitten im Garten). Sie be-
riet sich intensiv mit einem Architektenfreund und kaufte – mehr
von Kühnheit als von Vernunft getrieben – das verfallene Gutshaus. Eine Renovierung in kleinen Schritten nach ökologischen
Grundsätzen begann. Inzwischen ist eine Ferienwohnung fertig,
dort habe ich mich eingemietet. Zwei Zimmer, eine Holzveranda
und auf drei Seiten ein Blick in unterschiedlichste Schattierungen
von Grün. Das ist genug, um in der Einöde nicht zu verzweifeln,
und zu wenig, um abgelenkt zu werden. Es ist perfekt.

Bei meiner Ankunft ist es spät und finster, ich schalte die Taschen-
lampenfunktion meines Smartphones ein und taste mich langsam
vom Auto zum Haus. Bevor ich aus Berlin abfuhr, hatte mich Un-
ruhe gepackt. Würde ich mich in der Einöde ohne Hund sicher
fühlen? Das Dorf besteht aus lediglich acht Häusern und die Hälf-
te von ihnen wird nur sporadisch an Wochenenden genutzt. Würde ich die Isolation schon bald verfluchen? Kaum jemand würde
wohl meine Schreie hören, wenn zwei Verbrecher mich da draußen kaltblütig ermordeten, wie Truman Capote es am Beispiel der
Farmersfamilie Clutter aus Kansas so eindringlich beschrieben hat.
So stellte ich mir meinen Aufenthalt in bangen Momenten klein-
mütig vor.

Doch als ich die Wohnung betrete und einen klösterlich schmuck-
losen Raum mit lehmverputzten Wänden und geölten Holzdielen
vorfinde, fühle ich mich erstaunlich geborgen. Ein Nachbarhaus
befindet sich, hinter Bäumen und einer Hecke verborgen, in Ruf-

weite, und auch Kerstin, die Eigentümerin des Hofes, schläft nebenan im Gutshaus; wir sind nur durch eine Backsteinwand getrennt.
Je nachdem, was ihre Arbeit als Autorin und Filmemacherin gerade erfordert, lebt sie in Berlin oder hier auf dem Land. In ihren
Räumen ist die Renovierung noch nicht vollendet. Farbeimer unterschiedlicher Größen stehen auf dem Boden und Dielenbretter
lehnen an der Wand. Kerstin kocht mit einer elektrischen Platte
und heizt mit einem Kachelofen. Die Fensterscheiben der komplett verglasten Hinterseite des Hauses sind verstaubt und voller
Schlieren, doch ihr Schreibtisch bietet eine herrliche Aussicht auf
die Rotbuche im Garten und weiter übers Feld bis hin zu einem
Wald. Das Leben im Unfertigen wirkt hier draußen stimmiger als
in der Stadt. Vielleicht lehrt einen das die Natur: Übergänge mehr
zu schätzen und Zwischentöne stärker wahrzunehmen.

In der ersten Nacht wache ich vom Grummeln meiner Organe auf,
so ungewohnt ruhig ist es im Schlafzimmer. Am nächsten Morgen
ziehe ich mit Kerstins Hilfe den Esstisch vor eines der Fenster und
baue darauf meinen Computer auf, anschließend verteile ich meine Bücher auf beide Zimmer. Aus Berlin habe ich Konserven und
haltbare Lebensmittel mitgebracht, alles alte Vorräte, die ich auf-
brauchen will, um später mit dem Gefühl in die Stadt zurückzu-
kehren, Platz für Neues geschaffen zu haben (materiell und men-
tal). Mit der Pandemie ist mein Bedürfnis nach Entschlackung
gewachsen, zudem eine Wertschätzung von Schlichtheit, um zumindest äußerlich so unbelastet wie möglich durchs Leben zu gehen.

Anfangs bin ich von der Fülle der Zeit, über die ich frei verfü-
gen kann, überwältigt. Kann mich bei der Arbeit kaum entscheiden, was ich als Erstes angehen will. Mit einem Mal so viel kost-
baren Freiraum zu haben, macht rast- und ruhelos. Es kostet Mühe,
den Schalter umzulegen: von einem Leben, das von andauernder

Verführung geprägt ist, zu einem Leben, in dem man selbst Impulse setzt. In Berlin bildet der Gesprächsstoff – seien es spannende Bücher oder interessante Texte, Filme oder Ausstellungen, originelle Sichtweisen oder irritierende Nachrichten, kontroverse Meinungen und vieles mehr – einen Reiz, der immer neu gesetzt wird. Um ein beliebiges Beispiel zu nennen: Eben erst, so kommt es mir jedenfalls vor, habe ich das Buch einer Autorin gekauft, die mit dem Deutschen Preis für Nature Writing ausgezeichnet wurde – und noch bevor ich Zeit hatte, es zu lesen, ist bereits ein Jahr vergangen und die nächste Preisträgerin gekürt.

Oft beende ich den Berliner Alltag mit einem one-woman-debriefing und befrage mich zum Abschluss des Tages selbst: Was bleibt übrig an Gedankenfetzen, die untertags aufgetaucht sind und deren Spur ich irgendwann in Ruhe aufnehmen will? Sie in Stichworten auf einer der vielen Listen zu notieren, die ich auf dem Smartphone führe, entlastet mich (auch wenn die Wahrscheinlichkeit, jemals die Muße zum Weiterdenken zu finden, nicht groß ist). Mein Lebensgefühl ist geprägt vom Gefühl des Hinterherlaufens und Nacharbeitens, des Im-Verzug-Seins und der Defensive. Ich bin zwar ständig im Modus des Aufnehmens, so mein Eindruck, aber oft fehlt mir die Energie, das Aufgenommene auch zu verarbeiten.

Und jetzt, auf dem Land, steht die Reizmaschine plötzlich still. Von digitalen Nachrichtenkanälen halte ich mich fern, von sozialen Medien ebenso. Stattdessen lese ich mich Abend für Abend durch einen Stapel Bücher, die von zeitlosen Themen wie der Liebe zum Hund, dem Ruf der Wildnis oder dem Leben in den Wäldern handeln. Einmal stoße ich bei Monika Maron überraschend auf eine Passage, die die Beziehung von Mensch und Hund perfekt beschreibt. So heißt es im Roman »Ach Glück« aus der Perspektive der Protagonistin Johanna:

»Wenn ich an meinem Schreibtisch sitze, wieder einmal einen unwichtigen Artikel über ein unwichtiges Buch schreibe und dabei einen Blick auf den halbwachen Hund zu meinen Füßen werfe, der meine Kopfbewegung sofort registriert und in der Hoffnung, aus seiner Untätigkeit erlöst zu werden, die Ohren aufstellt und mit der Schwanzspitze ein paarmal auf den Boden klopft, empfinde ich eine unerklärliche Freude und, als sende der Hund etwas, das ich fühlen, aber nicht benennen kann, aus seinem Körper direkt in mein Nervensystem, einen Anflug von Glück. So einfach ist es also, Glück auszulösen und glücklich zu sein, denke ich dann, so einfach, dass ein dahergelaufener schwarzer Hund es kann, indem er nichts anderes tut, als in einem Zustand zwischen Schlaf und Erwartung vor sich hinzudämmern. Ich frage mich, ob bei mehr als neunzigprozentiger Übereinstimmung der Gene sich nicht auch in mir etwas finden lassen müsste von der rätselhaften Fähigkeit dieser Kreatur, ob es nicht auch mir gelingen könnte, wenigstens mir selbst als Sinn zu genügen und froh zu sein, weil es mich gibt, wie der Hund froh ist, dass es ihn gibt.«

Mein Tagwerk am Schreibtisch beginne ich übergangslos nach dem Aufstehen und einem schnellen Frühstück – beflügelt von der Aussicht, am Nachmittag eine Wanderung zu machen oder in einem der vielen Seen in der Umgebung schwimmen zu gehen. Mit viel Disziplin führe ich die Arbeit bis zum frühen Nachmittag fort, unterbrochen von kleinen Pausen wie einem Mittagessen oder einem Spaziergang übers Feld. Die Tage sind gleichförmig und durch belanglose Tätigkeiten gegliedert, eine Fahrt zum Bauern etwa, um frisches Gemüse zu kaufen, oder zum Antiquar im nächstgrößeren Ort, wo es guten Kaffee gibt. Auch einen Bäcker, einen Fleischer und einen Kaufmann gibt es in dem Ort, sie haben Öffnungszeiten, die für Städter ungewohnt sind. (Werktags von acht bis halb eins und fünfzehn bis siebzehn Uhr, samstags von sieben bis zehn, montags geschlossen.)

Ich lebe so einfach wie möglich und verwerte, was da ist, will in meinem auf Wesentliches reduzierten Leben keinen Überfluss sehen. Wie viel eine Nektarine hergibt, wenn man sie aufschneidet und in Quark mischt, was man mit einer halben Avocado und drei Kartoffeln alles machen kann, das fällt mir erst als Einsiedlerin auf.

In meinem Alltag ohne äußere Zwänge und Termine erscheint Nebensächliches plötzlich groß: Den Komposteimer zu leeren, ist ein Programmpunkt und jeder Wetterwechsel ein Ereignis. Wie in der Stadt fege ich auch hier die Küche und führe eine Art Haushalt, das überrascht mich, denn ich hatte mir mein Einsiedlerleben weniger konventionell vorgestellt.

Doch trotz der Beschaulichkeit komme ich innerlich nicht zur Ruhe und ringe mir am Schreibtisch Seite für Seite ab. Auch in der sogenannten Freizeit stoße ich auf Hindernisse. Den Einstieg zu einer verlockend beschriebenen Wanderroute im Boitzenburger Land beispielsweise finde ich trotz mehrerer Anläufe nicht und behelfe mir daraufhin missmutig mit einem Spaziergang durch ein trostloses Dorf. Mit Teddy an meiner Seite wäre mir die Route egal, denke ich. Mit Hund zählt das gemeinsame Gehen mehr als der Reiz der Umgebung. Mit ihm ist tatsächlich der Weg das Ziel.

Es ist kurios. Früher habe ich mich nach einsamen Phasen wie diesen verzehrt, habe sie genossen und ausgekostet. Und jetzt finde ich es plötzlich fad, mit mir allein zu sein. Womöglich hat Teddy ein Rudeltier aus mir gemacht? Ein Wesen, das rückhaltlos Gesellschaft sucht? Vielleicht ist es das, worauf Gertrude Stein mit ihrem berühmten (wenngleich ein wenig rätselhaften) Satz »Ich bin ich, weil mein kleiner Hund mich kennt« anspielte? Erst in der Wechselwirkung mit einem anderen Lebewesen entfaltet sich vollends die eigene Identität. Der Hund spiegelt mich in einer Weise, die mich überrascht. Er frischt mein Selbstbild auf.

Und dann ist es so weit, mein Mann und Teddy kommen mich besuchen, erlösen mich aus der selbst gewählten Einsamkeit. Ich brauche eine Weile, um mich an die Lebendigkeit in meinen Zimmern zu gewöhnen, und auch Teddy wirkt verwirrt: In den ersten Stunden nach seiner Ankunft läuft er mir überallhin nach, steht auch im Bad plötzlich neben mir. Seine Hundedecke, die ich in einer geschützten Zimmerecke einladend ausgebreitet habe, meidet er. Als ich mit einer Zeitschrift nach einer Fliege schlage, fährt er erschrocken zusammen und auch das heisere Geschrei des Kranichs im Garten behagt ihm nicht. Als das Wochenende vorüber ist, fährt mein Mann zurück in die Stadt und lässt Teddy wie verabredet bei mir.

Wenn ich schreibe, liegt nun Teddy – wie Bredow, der Hund in Marons Roman – unter dem Tisch. Ich schiebe meine nackten Füße unter seinem warmen Bauch, wir bleiben in Kontakt. Wenn ich abrupt mit dem Stuhl ruckle, öffnet er träge ein Auge. Gelegentlich ordnet er seine Gliedmaßen, verschlingt Vorder- und Hinterläufe wie ein Krake ineinander. Seit er da ist, lasse ich mich von seinem Rhythmus mitnehmen, dem Rhythmus der Natur. Wir stehen auf, wenn es hell wird, und essen, wenn wir hungrig sind. Alles fließt. Wenn ich nachmittags meinen Laptop zuklappe, springt Teddy auf, denn er weiß, jetzt gehen wir für mehrere Stunden raus. Jetzt schließe ich nachts die Wohnungstür nicht mehr ab, so gelassen bin ich, so sicher fühle ich mich mit dem Hund. Wir schlafen in getrennten Räumen, er liegt wie ein Berberteppich in der Mitte des Wohnraums, ich nebenan in einem breiten Bett. Durch die einen Spaltbreit geöffnete Zimmertür rufe ich ihm »Gute Nacht!« zu, auch wenn das kindisch klingt.

Ein typischer Tag beginnt jetzt so: Ich ziehe die schweren Vorhänge aus Filzstoff vor dem Fenster zurück und betrachte vom Bett aus den erwachenden Tag. Das Fenster – ein sogenanntes Panoramafenster – nimmt den größten Teil der Wand ein. Draußen fährt der Wind in die Blätter eines verwachsenen Birnbaums, er lässt sie tanzen und bringt Bewegung in die knorrigen Äste, drinnen im Zimmer ist es totenstill und kein Luftzug zu spüren. Mit einem Kaffeebecher am Fenster sitzend, gebannt vom Leben hinter dem Glas, fühle ich mich wie in einem Terrarium und überlege, welches Tier ich gern wäre, Schildkröte, Schlange oder Leguan? Der kriechenden Schildkröte mit ihrem dicken Panzer und dem guten Gedächtnis komme ich wohl am nächsten, die geschmeidige Schlange wäre ich gern.

Ich nehme mir etwas zum Anziehen, irgendwas, das noch vom Vortag herumliegt, eine Trainingshose und ein T-Shirt, es muss bequem sein, sonst nichts. Während ich mich fertig mache, umspringt mich Teddy erwartungsvoll, dann gehen wir gemeinsam raus, den Feldweg am Dorfausgang entlang. Vom Feld weht der süßliche Geruch von Gerste herüber. Wir gehen um einen Haufen gelber Früchte herum, es sind überreife Mirabellen, die aufgehäuft unter einem Baum liegen. Aus dem Gebüsch stiebt ein Schwarm Stare auf, kurz ist es dunkel und laut. Der Hund trabt voraus und verfolgt neue Spuren aus der Nacht. Wir laufen der Sonne entgegen, die sich nun über dem Horizont allmählich in den Himmel stemmt und zu dieser frühen Stunde nur dürftig wärmt.

Es tut gut, morgens zu gehen, anstatt direkt den Schreibtisch anzusteuern. »Die Illusion eines stetigen, einfachen, unzerstreuten und beschaulich in sich gekehrten Lebens, die Illusion, ganz dir selbst zu gehören, beglückt dich«, beschreibt Thomas Mann in »Herr und Hund« das Glück des Morgenspaziergangs. Doch Teddy entfernt sich kaum aus meiner Nähe, ist zögerlicher als in Berlin. Obwohl er räumlich ungebundener ist als in der Stadt, wirkt er auf Spaziergängen gehemmt. Bleibt oft stehen und hält schnuppernd die Nase in den Wind, starrt ins Gehölz, wo die wilden Tiere sind – die Dachse und Waschbären, Hasen und Igel. Auch einer Schlange begegnen wir. Anders als im Urlaub in der Schweiz, springt er in der Uckermark nicht ausgelassen durch die Wiesen. Je freier ich mich fühle, desto zurückhaltender wirkt der Hund, und vielleicht ist es ja so, dass er mich in der Fremde beschützen will.

An den heißesten Tagen dieses Sommers – sie fallen dieses Jahr mit den Hundstagen zusammen, einem wegen einer bestimmten Sternenkonstellation so benannten Zeitraum von dreißig Tagen – wird auf den Feldern rings um das Dorf Getreide geerntet und Stroh gehäckselt. Durchs Fenster, vor dem mein Schreibtisch steht, sehe ich monströse Maschinen über den Pflastersteinweg poltern, von morgens früh bis zum Einbruch der Dunkelheit sind sie auf dem Feld, manchmal auch länger, dann arbeiten sie im Scheinwerferlicht. Von Zeit zu Zeit fährt der Bauer des Gehöfts aus dem Nachbardorf auf einem Pferdegespann vor meinem Fenster vorbei und hebt grüßend die Hand.

Einmal klopft jemand ans Glas der Wohnungstür, es klingt, als pralle ein Vogel an die Panoramascheibe, was gelegentlich tatsächlich passiert. Draußen steht ein Mann in Arbeitslatzhose. Als er mich auffordert, meinen Wagen umzuparken, der am Wegrand steht, schaue ich ihn ungläubig an. Hier draußen gibt es keine Halteverbote und keine Parkzonen, außerdem ist mein Auto das einzige weit und breit. »Ich komme mit dem Mähdrescher nicht vorbei«, sagt er entschuldigend und natürlich mache ich bereitwillig Platz. Wo sich eben noch die Ähren von Weizen, Roggen und Hafer ins Licht gereckt haben, steht am nächsten Tag ein Stoppelfeld.

Angekommen war ich in der Erwartung, die Verbindung zur Natur stelle sich automatisch ein. Dann aber merkte ich, wie meine

Laune den Blick auf die Landschaft beeinflusst und wie sehr das, was ich wahrnehme, geprägt ist von meinem Geist.

Als ich mich beispielsweise beim Joggen verlaufe, stapfe ich missmutig über ein Feld, sehe nur Kuhmist und Schmeißfliegen und verheddere mich in stacheligen Brombeertrieben und verfluche das Leben auf dem Land. Als sei die Natur ein störrisches Gegenüber und ich könnte ihr durch trotziges Aufstampfen vermitteln, sie solle sich gefälligst mit mir zusammentun. Einen Moment später lasse ich den Blick wohlwollend über die sommerlich satte Landschaft streifen, um Versöhnung bemüht. Doch Natur lässt sich nicht erleben, wenn es einem gerade passt, und ein Verhältnis zu ihr ist keine Fähigkeit wie Meditieren, die man mit Ausdauer erlernen kann.

Schließlich finde ich die Abzweigung zum Feldweg nach Hause, laufe die verbliebene Strecke und öffne die Wohnungstür. Der Hund zwängt seine Schnauze durch den Türspalt, umstreicht mich schwanzwedelnd, legt eine Pfote auf meinen Schuh. Ich setze mich zu ihm auf den Boden, und wir tollen miteinander herum. Anders als zur Landschaft, ist mein Verhältnis zum Tier greifbar und real. Wenn ich Kletten aus seinem Fell klaube oder Erdklumpen zwischen seinen Krallen, fühle ich mich eigenartig vital.

Jetzt, wo wir alles miteinander teilen und andauernd zusammen sind, nehme ich Teddys Veränderungen in seiner Gemütslage deutlich wahr. Dem Hund missfällt es gründlich, vom Rest der Familie getrennt zu sein, das wird bereits nach kurzer Zeit klar. Er frisst weniger als in Berlin und lässt sogar Kauknochen liegen, die er normalerweise freudig umtanzt. Er trägt seine Rute auf Halbmast und ist weniger agil. Manchmal drückt die Sommerhitze seine Stimmung. An einem schwülen Nachmittag etwa bleibt er plötzlich auf dem Weg stehen wie ein störrischer Ackergaul, und ich schnalze mit der Zunge, damit er sich bewegt. Ein anderes Mal verkriecht er sich in einem fremden Hof unter einer Hollywoodschaukel, nur mit Mühe ziehe ich ihn dort heraus. An solchen Tagen messen wir unsere Kräfte und liegen abends grollend in getrennten Zimmern, sind abgekämpft und erschöpft.

Er vermisst Begegnungen mit anderen Hunden. Bei jedem Bellen in der Ferne hebt er den Kopf und spitzt die Ohren. Als eines Tages ein Lieferwagen durchs Dorf fährt, ist das Rumpeln auf dem Natursteinweg schon von Weitem zu hören. Teddy läuft zur Tür, vermutlich hofft er, es sei die Berliner Dogwalkerin mit ihrem Transporter voller Hunde, aber dann springt eine Postbotin aus dem Wagen und er ist enttäuscht. Die Postbotin überreicht mir ein kleines Paket mit dem Schriftzug von Amazon. Mir ist das peinlich, denn hier draußen wirkt Onlineshopping noch unmoralischer als in der Stadt. »Toll, dass Sie mich hier in der Wildnis gefunden haben«, sage ich und die Postbotin antwortet, sie sei ohnehin viel in dieser Gegend unterwegs. Dann nennt sie die Namen von zwei Dörfern, die dafür bekannt sind, dass Berliner Hipster dort ihre Wochenenden verbringen.

Im Paket sind ein Espressokocher für den Herd und ein Armband aus Kupfer, beides hilft mir bei der Arbeit, hoffe ich. Den Kocher morgens aufzuschrauben und mit Wasser und Espressopulver zu füllen, ist ein Ritual in dieser ereignislosen Zeit. Mit dem zischenden Geräusch und dem herben Duft beginnt der Tag. Kupfer wirke sich gut auf die Konzentration aus, hatte mir meine Tante aus Los Angeles geschrieben. Als Drehbuchautorin kennt sie den Schreibprozess. Doch viel mehr als das Kupfer verbessert Teddy meine Konzentration.

Meine Schreibzeit fällt jetzt auf natürliche Art mit den Stunden zusammen, in denen der Hund schlafend zu meinen Füßen liegt. Ich frage in seiner Gegenwart nicht nach Effizienz oder Wirksamkeit, hadere nicht mit meiner Produktivität. Die Tatsache, dass er hier ist und wir Zeit zusammen verbringen, dass er jeden Tag aufs

Neue frisst, schläft, verdaut und herumläuft, ist gut genug. Wenn er im Raum ist, hat alles eine Bewandtnis. Seine bloße Anwesenheit sorgt für Sinn und Form.

An einem sonnigen Augustnachmittag gehen der Hund und ich in ein Konzert. In der Kirchenruine einer Ortschaft wird Blasmusik der frühen Neuzeit aufgeführt, unter freiem Himmel, das passt gut. Nur noch die Außenmauern und ein Teil des Glockenturms sind von der Feldkirche aus dem 13. Jahrhunderts erhalten, im Kirchenschiff wächst Gras. Es ist heiß an diesem Tag und der Himmel makellos blau. Als ich mich auf eine Holzbank neben einen Konzertbesucher setzen will, deutet er auf Teddy und sagt: »Der hechelt mir zu laut.« Ich suche mir einen anderen Platz in der Nähe des Ausgangs. Der Hund hockt artig vor meinen Knien, seine Zunge hängt ihm lang aus dem Maul.

Der Veranstalter spricht ein paar Worte zur Begrüßung, und als er abtritt, gibt es Applaus. Sofort beginnt Teddy wölfisch zu heulen, und ich springe erschrocken auf. Als die Musiker zu spielen anfangen, streckt sich Teddy im Gang zwischen den Stuhlblöcken aus. Er nimmt seine eindrucksvolle Pose »schlafender Löwe« ein und liegt friedlich und ruhig im Gras.

Immer wieder fallen Blicke aus dem Publikum auf den Hund. Mir fällt ein, was eine Freundin neulich erzählt hat: Schauspieler ließen sich manchmal in ihre Verträge schreiben, dass sie nicht gemeinsam mit einem Hund auf der Bühne stehen oder in Filmszenen auftauchen – aus Sorge, das Tier würde ihnen die Show stehlen. Jetzt bekomme ich selbst einen Eindruck dieser magnetischen Kraft.

Die Musik ist tänzerisch leicht, die Atmosphäre entspannt. Dort, wo in der Kirche ehemals der Altar stand, singt eine zierliche Frau mit Sopranstimme ein französisches Liebeslied aus der Renaissancezeit. Nach dem Konzert laufe ich mit Teddy über den Friedhof, der hinter der Kirche liegt. Seufzend legt er sich in den kühlen Sand zwischen zwei Gräbern.

Dann wird es plötzlich Herbst. Ein Sturm fegt übers Land und nimmt die träge Sommerhitze mit, die Tage werden kürzer, die Nächte klamm. Eben noch bin ich im See geschwommen und mit nackten Füßen durch den Schlamm gewatet, jetzt ziehe ich beim Schreiben einen Wollpullover über. Die ersten Kastanien fallen vom Baum, unreif in grüner Hülle, und der Geruch von Kaminfeuer liegt in der Luft. Der Hund scheint aus einer Art Sommerschlaf zu erwachen, die kühle Luft belebt ihn. Auf einem Morgenspaziergang zwängt er sich unvermittelt unter einem Zaun hindurch und schlägt auf einer Wiese Haken wie ein Feldhase. Später schubbert er sich auf einem Acker den Rücken, zappelt mit angewinkelten Pfoten übermütig umher. Wir spielen Fußball mit Äpfeln am Wegrand, ich kicke, und er rennt der Frucht nach, voller Eifer und Glück.

Am Tag vor der Rückfahrt esse ich kalte Nudeln zum Frühstück und denke, jetzt ist es wirklich Zeit zu gehen. Der Hund und ich, wir freuen uns beide auf zu Hause und die Stadt, aufs Leben im Rudel. Ein letztes Mal laufen wir über die Wiese und sehen einen Rehbock auf einer Anhöhe stehen, die Brust stolz geschwellt, den Kopf erhoben. Er wirkt wie ein Echo von Teddy, der in derselben Pose neben mir steht.

Dann verstaue ich meine Bücher, meinen Computer und Koffer im Auto, auch die Hundedecke und den halbvollen Futtersack. Auf der Fahrt zurück in die Stadt trage ich ein frisches weißes Hemd.

Gegen drei Uhr morgens wache ich auf und finde nicht zurück in
den Schlaf. Die Stunde des Wolfes hat Ingmar Bergman diese düs-
tere Spanne vor dem Morgengrauen genannt, in der Verdrängtes
nach oben gespült wird. Wie ferngesteuert stehe ich auf und laufe
in die Küche, wo Teddy an die Wand geschmiegt schläft, hocke
mich neben ihn und lege meinen Kopf auf sein Fell, das nach feuch-
ter Erde riecht. Eine Weile verharre ich in der Dunkelheit ange-
dockt an meinen Hund, atme mit ihm und lausche dem Rhythmus, den er als Ausdruck seiner Zuneigung mit der Rute auf den
Steinboden klopft. Dann lege ich mich wieder hin und schlafe ein,
völlig entspannt.

Hunde, so steht es überall geschrieben, lösen beim Menschen
die Ausschüttung von Glückshormonen aus. Es überrascht mich,
wie wohltuend es ist, Teddy einfach nur zu betrachten. Wie er,
auf der Seite liegend und alle vier Beine in die gleiche Richtung
gestreckt, schläft. Oder sich mit gesenktem Kopf und in die Höhe
gerecktem Hinterteil morgens dehnt. Sein Beispiel animiert mich,
die Dinge weniger kompliziert zu sehen. Womöglich ist das Leben viel einfacher als gedacht?

Hunde erfüllen in ihren Besitzern unbewusste Sehnsüchte, heißt
es. Neulich erzählte mir meine israelische Freundin Lily am Telefon von Juka, ihrer Jack Russel Hündin. Juka ist sechzehn Jahre,
einen Monat und zwei Wochen alt. Sie wird bald sterben. Lily
kocht jeden Tag gutes, frisches Essen für die Hündin und lässt sie

kaum noch allein. Im Winter, wenn es auch in Tel Aviv nachts gelegentlich kühl ist, steht sie jeden Tag eine halbe Stunde vor Juka auf, um die Heizung anzudrehen, damit die Hündin später nicht fröstelt. »Sie bringt mir bei, wie man gut altert, und ich bin ihre Cheerleaderin«, sagt Lily. »Ich umsorge sie so, wie ich selbst gern umsorgt werden möchte, wenn mein Leben zu Ende geht.« Haustiere sind Erweiterungen von uns selbst. Wir projizieren auf sie, wie wir uns selbst und andere sehen möchten.

»A dog person« hat Lily mich in diesem Telefonat genannt, einen Hundemenschen. Ein Hundemensch legt großen Wert darauf, einer sozialen Gruppe anzugehören, heißt es. Er führt gern Gespräche, auch wenn es eigentlich nichts zu erzählen gibt. Ein Hundemensch gilt als extrovertiert und kontaktfreudig, fröhlich und ausgeglichen – alles Eigenschaften, die ich mir niemals zugeschrieben hätte, bevor Teddy zu uns kam (eigenbrötlerische Grantlerin wäre mir damals als Erstes eingefallen). Heute aber erkenne ich mich in einer solchen Charakterisierung wieder. Teddy hat mich menschlicher gemacht. Inzwischen streichle ich sogar fremde Hunde und schaue mir kitschige Spielfilme an, in denen Hunde mitspielen – etwa »Marley & Ich« aus dem Jahr 2009. Erzählt wird die Geschichte eines jungen Paares, das zunächst vom Temperament ihres ungezogenen Labradors gefordert ist und dann von drei Kleinkindern. »Marley und Ich« ist rührselig, platt und so manipulativ, dass ich mich ärgere, als mir in der Schlusssequenz – der Hund wird am Ende seines Lebens eingeschläfert und die Familie nimmt Abschied – tatsächlich Tränen kommen. Und trotzdem spricht eine Menge Wahrheit aus ihm, denn er beruht auf den Kolumnen des amerikanischen Lokalreporters John Grogan. Grogan schrieb viele Jahre lang Kolumnen über sein Familienleben mit dem Labrador Marley. In seinen Erzählungen erscheint der Hund als Sinnstifter, der ihn etwa darüber hinwegtröstet, dass er nicht wie sein Studienfreund als gefeierter Auslandskorrespondent bei der New York

Times landet, sondern in der Lokalredaktion eines Provinzblatts in Florida und später in Philadelphia. Marley scheint den Autor im wahren Leben mit geplatzten Träumen zu versöhnen. Die Existenz des Hundes bestätigt ihn in seiner Entscheidung für die Sesshaftigkeit – auch wenn das Familienleben manchmal unspektakulär und gleichförmig ist.

Mit Grogans Konflikt zwischen Häuslichkeit und Abenteuer kann ich etwas anfangen. Ich bin einer von diesen Menschen, die das Gras auf der anderen Seite des Hügels immer für grüner halten. Vor vielen Jahren saß ich einmal mit dem Mann, den ich später geheiratet habe, in Israel auf einem Felsen am Meer und betrachtete den Sonnenuntergang. Es war ein perfekter Moment. Und trotzdem deutete ich, kurz bevor die Sonne hinter dem Horizont versank, auf einen anderen Felsen und sagte, da drüben habe man bestimmt eine bessere Sicht. Ähnlich wie Grogan habe ich Kolleginnen bewundert, die auf den Politikseiten Schlagzeilen lieferten, während ich über Alltagsdinge schrieb. Wie ihn hat mich das kräftezehrende Leben mit Kleinkindern eine Zeit lang denkfaul und passiv gemacht. Kurzum: Es gab Momente, in denen ich mit meiner komfortablen Vorstadtexistenz gehadert habe.

Heute habe ich das Gefühl, der Hund beglaubigt auf magische Weise Lebensentscheidungen, die ich, lange bevor er zu uns kam, getroffen habe. Mit ihm schließt sich ein Kreis. Als typische Babyboomerin habe ich den Sinn des Lebens bereits an unterschiedlichsten Orten gesucht – in einem griechischen Kloster zum Beispiel. Doch womöglich liegt die Antwort auf die Sinnfrage überraschend nahe. Der Hund erinnert mich jeden Tag daran, wie erfüllend es ist, für ein anderes Wesen zu sorgen. Es zu füttern, zu wärmen und zu lieben. Er lebt mir eine ideale Welt vor, in der man sich vorbehaltlos schätzt – unabhängig davon, was man erreicht hat oder darstellt.

Er hat mich in einer Weise verändert, die mich jeden Tag aufs Neue erstaunt. Denn ich war nicht nur ein Kopfmensch, sondern auch eine Einzelgängerin der fundamentalsten Art. Eine, die als Kind nie in einer Mannschaft spielte, sondern Schwimmerin war. Die nicht im Orchester musizierte, sondern solo am Klavier. Von klein auf musste ich mich zu Gesellschaft ein bisschen zwingen und oft dachte ich, am schönsten ist es doch allein. Ich fand es oft angenehm, zu schweigen, und teilte mich am liebsten schriftlich mit.

Erst mein Mann hat das Hermetische durchdrungen und meine Kinder haben mich daraus befreit. Fast zwanzig Jahre ist es jetzt her, dass meine Frauenärztin mit dem Schallkopf auf meinem Bauch herumfuhr und fragte: »Was würden Sie sagen, wenn es zwei sind?« Damals dachte ich, sie mache einen Witz (keinen guten), aber dann wurde mir klar, dass die beiden weißen Punkte auf dem Bildschirm Zwillinge sind. Ich bekam zwei Kinder auf einmal. Eigentlich waren es sogar sechs, denn mein Mann hat aus seiner ersten Ehe einen Sohn und drei Töchter, im Alter von zehn, vierzehn und sechzehn, mitgebracht.

Mit der Gründung einer Großfamilie begann eine Wandlung. Als Mutter nimmt man sich selbst weniger wichtig und tritt in den Hintergrund, was zu einer neuen Form von Freiheit verhilft. Erst die Kinder haben mich gelehrt, dass ich mich umso freier fühlen kann, je tiefer eine Bindung ist. Und dann hat mich auch noch der Hund mit seiner beharrlichen Zuneigung an diesem zentralen Punkt erwischt. Im Zeitraffer spiegelt er mir Lernprozesse so anschaulich, wie kein Menschenkind es vermag.

Obwohl ursprünglich für die Kinder gekauft, profitiere ich mehr vom Hund als sie. Er hat einen freieren Menschen aus mir gemacht, vielleicht einen besseren. Ausgerechnet das Tier mit seiner Sprachlosigkeit hat mir beigebracht, mich aufmerksamer zu verständigen. Ich kommuniziere präziser und gehe überlegter vor, bin weniger barsch. Will nicht immer nur gefallen, sondern riskiere auch mal Streit. Teddy zeigt mir, dass das Leben einfacher ist, wenn man deutlich zum Ausdruck bringt, was man will oder was einem nicht passt. Vielleicht übertreibe ich, aber ich habe den Eindruck, mich früher chamäleonartig den Umständen angepasst zu haben und heute beständig die zu sein, die ich bin. Das Unsichere und das Anmaßende in mir, diese widerstreitenden Seiten, gleichen sich aus.

Auch die Kinder, jetzt 18 Jahre alt, prägte die bedingungslose Zuneigung des Hundes im richtigen Moment. Als sie kürzlich in einem See geschwommen sind, fiepte Teddy so lange, bis sie wieder am Ufer waren. Während sie erwachsen werden und rausgehen in die Welt, in dieser Zeit großer Veränderungen, bietet der Hund Sicherheit und bildet ein Scharnier zwischen den Generationen.

Als Erwachsener kann man sich von seinem Hund zurück in die Kindheit führen lassen – also in die Zeit, in der wir unbändige Freude genauso ungefiltert wahrnehmen wie grenzenlose Traurigkeit. Das Kind kennt weder Dünkel noch Überheblichkeit, auch keine Kluft zwischen Mensch und Tier, wie in Freuds Vorlesungen zur Psychoanalyse nachzulesen ist. Erst durch Erziehung werden Schranken aufgebaut und es entstehen Zwänge. Im Laufe seiner Entwicklung beginnt der Mensch über sich selbst nachzudenken – und stürzt unvermeidlich in tiefe Zweifel an der eigenen Identität. »Weil der Mensch auf sich schauen kann, wird er sich selbst auch zum Rätsel«, lese ich in Jürgen Körners Buch »Bruder Hund & Schwester Katze«. Körner ist Psychoanalytiker und, wie er im Klappentext betont, selbst Hundebesitzer. Er forscht und schreibt seit vielen Jahren über das Verhältnis von Mensch und Tier. Aus seiner Sicht ist die Mensch-Tier-Beziehung eine Geschichte der Sehnsucht des Menschen nach Ursprünglichkeit.

Von Teddy fühle ich mich aufgefordert, dorthin zurückzugehen und anzuknüpfen, wo mein Leben spielerischer und ich weniger streng mit mir war. Das Heitere zu sehen, statt in Ernsthaftigkeit zu erstarren. Spontan zu reagieren. Er bringt Verschüttetes zum

Vorschein und setzt eine Art von Unbefangenheit frei, wie ich sie zuletzt als Kind erlebt habe. In den Jahren mit Teddy habe ich Ballast abgeworfen und bin im wahrsten Sinne des Wortes leichter geworden, auch beweglicher. Er bringt meinen Organismus sofort nach dem Aufstehen auf Hochtouren und sorgt für einen Kaltstart in den Tag. Statt viel Zeit im Bad zu verbringen und dann vorm Kleiderschrank zu überlegen, wie ich mich heute stylen will, schnappe ich mir ausgetretene Sportschuhe und den nächstbesten Pullover, der herumliegt, nehme irgendeine Jacke vom Haken (seit wir einen Hund haben, stehen Regenponchos hoch im Kurs) und stürme mit Teddy nach draußen. Wenn wir später zurückkommen, schleppt der Hund gelegentlich einen verzweigten Ast ins Haus – wie die filzigen Bälle aus Seegras, die ich als Kind aus den Ferien am Mittelmeer mitgebracht und zwischen meine Bücher ins Regal gelegt habe.

Der Hund lehrt mich, unmittelbar zu handeln, statt in Abstraktion zu verfallen. Jeden Tag sehe ich mich aufs Neue durch ihn mit Fragen konfrontiert, die mich in der realen Welt verankern: Wie kriege ich das störrische 45-Kilo-Geschöpf ins Auto, und zwar möglichst schnell? Vor wie vielen Stunden hat er einen Haufen gemacht, und wie sah der aus? Ich spreche mit ihm wie fast alle Hundebesitzer so, als könne er antworten: »Geht's dir gut?« Ich verhalte mich ulkig, fühle mich aber nicht lächerlich dabei.

Noch während ich dies aufschreibe, habe ich Zweifel. Kann man sich überhaupt ändern oder gar neu erfinden, noch dazu mit Mitte fünfzig? Heißt es nicht immer, mit zunehmendem Alter verstärkten sich bereits vorhandene Eigenschaften und man werde sich selbst immer ähnlicher? Um mehr Objektivität bemüht, beschließe ich, meine nächste Umgebung zu befragen. In einer Mail frage ich Familienmitglieder, beste Freundinnen und langjährige Kollegen, ob ihnen in den letzten Jahren eine Veränderung an mir aufgefallen ist. Hat mich der Hund umgänglicher oder nerviger gemacht?

Am Abend kommt die erste Rückmeldung. Im Wissen, dass die Antworten gnadenlos aufrichtig sein werden, öffne ich die Mail. Nö, schreibt mein Bruder, der Hund hat nichts verändert. Er schicke viele Grüße aus einer Bar. Meine Stimmung sinkt. Kann es sein, dass ich mich in einen Hoax hineingesteigert habe? Mir nur einbilde, das Tier habe einen anderen Menschen aus mir gemacht?

Doch am nächsten Tag trudeln weitere Antworten ein. »Du bist im besten Sinne bodenständiger geworden, mehr mit dem echten Leben verbunden, verkörperst mehr Tiefe und weniger ›Look‹«, schreibt eine Freundin aus Hamburg. »Ich hätte es NIEMALS für möglich gehalten, dass du den Eingangsbereich eures schönen Hauses mit hässlichen Schutzteppichen auslegst, um für Teddy ein gutes Umfeld zu schaffen. Ich hätte ebenso wenig geglaubt, dass du einen Hund jemals Teddy nennst. Beides ist uncool beziehungsweise unstylish – aber irre sympathisch«, heißt es bei einer anderen Freundin.

Und dann geht es Schlag auf Schlag: Ich sei nachgiebiger geworden und gnädiger mit mir selbst, lese ich. Lockerer! Tatkräftiger! Selbstbewusster! Nicht mehr so absolut in meinem Urteil wie früher. Milder. Ausgeglichener. Weniger streng mit anderen und mit mir selbst. Lässiger. Wertschätzender.

Meine Mutter – der Mensch, der mich mit Abstand am längsten kennt – meint: »Dein Hang zur Perfektion wurde durch Teddy aufgeweicht. Er macht dich freundlicher und bringt dich sehr oft zum herzhaften Lachen, wenn du siehst und spürst, wie sehr er dich liebt und er um deine Aufmerksamkeit buhlt. Ja, du hast dich in eine positive Richtung verändert.« »Hey, ich finde, du bist definitiv ruhiger geworden«, meldet sich der älteste Sohn aus London. Eine der erwachsenen Zwillinge schreibt aus Tübingen: »Du bist zugänglicher geworden.« Und auch Rebecca, unser jüngstes Kind, findet: »Du zeigst deine Gefühle. Du öffnest dich uns.«

Von jener Freundin, die vor vielen Jahren ihren Hund abgeben musste, weil sie miteinander nicht ausgekommen sind, lese ich: »Im Gegensatz zu mir und dem Hund gibt es zwischen dir und dem Hund kein Theater, sondern einen selbstverständlichen Umgang. Nicht anders, als du ihn mit Menschen hast: Zurückhaltend, vielleicht sogar reserviert. Und darunter die Wärme, die eben trotzdem strömt und an die man sich hält. Du gehst mit Teddy nicht anders um als mit den Menschen in deiner Nähe. Du wirst nicht zum Kind, aber auch nicht zur Tante. Du bist aufmerksam, einfühlsam, fair. Insgesamt habe ich keine Änderung an deinem Verhalten bemerkt. Was vielleicht das Bemerkenswerteste ist, weil du dich ja verändert fühlst.«

Fünfzehn Rückmeldungen bekomme ich auf meine Mail. Am Ende lautet das Ergebnis 12:3 für Veränderung. Zähle ich die Jahre zusammen, die die Absender und mich verbinden, komme ich insgesamt auf die Zahl 646, was keine schlechte Expertise ist.

Viele Rückmeldungen heben darauf ab, dass ich mit Unordnung und Dreck besser leben kann als vorher (»Das ehemals top gepflegte Haus ist ein wenig unperfekter, seit ein großer Hund darin wohnt. Hab ich als entspannt empfunden.«). Und manche begründen ihre Beobachtungen so überschwänglich, dass ich mich frage, was für ein anstrengender (und angestrengter) Mensch ich war, bevor der Hund in mein Leben trat.

Natürlich hängt die Veränderung auch mit dem Lebensalter zusammen. Monika Maron hat in einer ihrer Frankfurter Poetikvorlesungen 2005 darüber gesprochen, dass das Alter uns den Tieren gleicher macht: »Alter und Tod ziehen uns unbarmherzig aus dem Reich des Menschlichen auf die andere Seite, in das Reich der Natur. Wenn unser Gehirn allmählich schwach wird, die Organe versagen, rettet uns unsere Kultur nicht mehr, und wir unterliegen dem gleichen Gesetz wie die Tiere.« Warum sie erst so spät die Freundschaft zu einem Hund gefunden hat, lässt Maron die Protagonistin ihres Romans »Ach Glück« fragen. Ob sie erst die Bedrohung durch das Alter empfunden haben muss?

In meinem Fall kam der Hund gerade zum richtigen Zeitpunkt, um mich davor zu bewahren, dass die weniger angenehmen Eigenschaften überhandnehmen. Er hilft mir, das richtige Leben zu führen. Nicht im moralischen Sinne, sondern im Sinne von Lebensqualität. Mit Mitte fünfzig bodenlange Hippiekleider im Blümchenmuster zu tragen, fühlt sich richtig an. Beim Skifahren mittags auf der Hütte Kaiserschmarrn mit Zwetschgenröster zu essen, fühlt sich richtig an. Eine Tochter im Haus zu haben, die ihrer Mutter unaufgefordert einen aufgeschnittenen Apfel ans Bett bringt, wenn sie krank ist, fühlt sich richtig an. Nachts um zwei bei Regen rausgehen, weil der Hund muss, fühlt sich richtig an. Darüber nachzudenken, einen zweiten Hund ins Haus zu holen, fühlt sich sehr richtig an.

Letztens bin ich mit Teddy im Wald vom Weg abgegangen und ins Dickicht hinein. Der Hund wirkte erst erstaunt und dann begeistert, als wären wir von derselben Art. Wir balancierten auf den Stämmen umgestürzter Bäume und staunten über riesige Wurzelballen. Unter unseren Schritten raschelte Laub und brach trockenes Holz, es duftete nach Harz von Kiefern und Fichten. Ich rannte immer tiefer in den Wald hinein, selbstvergessen und leicht. Dicht an meiner Seite lief mein Freund, mein Gefährte. Mein Hund.

QUELLENVERZEICHNIS

Konrad Lorenz, *So kam der Mensch auf den Hund*,
45. Aufl., München: dtv 2016, S.30   **S. 37**

Gudrun Halbrock, *Was Eltern von Kynologen lernen können*,
Werkstattdruck 2005, S.4   **S. 76**

Elizabeth Marshall Thomas, *Das geheime Leben der Hunde*,
Reinbek: Rowohlt 1994, S.176   **S. 100**

Elizabeth Marshall Thomas, a. a. O., S.22   **S. 101**

Elizabeth Marshall Thomas, a. a. O., S.95   **S. 166**

Midas Dekkers, *Geliebtes Tier. Die Geschichte einer innigen
Beziehung*, München: Hanser 1994   **S. 167**

J.R. Ackerley, *My Dog Tulip*, New York: The New York
Review of Books 1999, S.20   **S. 170**

Alard von Kittlitz, *Des Pudels Grünkern*, ZEITmagazin
Nr. 22/2021   **S. 176**

Petra Ahne, *Wölfe. Ein Portrait*, Naturkunden Bd.27,
Berlin: Matthes & Seitz 2016, S. 83, 112   **S. 186**

Josef H. Reichholf, *Der Hund und sein Mensch. Wie der Wolf sich
und uns domestizierte*, Hanser: München 2020, S.25 ff.   **S. 192**

Nastassja Martin, *An das Wilde glauben*, Berlin:
Matthes & Seitz 2021, S.7, 76   **S. 196**

John Berger, *Das Leben der Bilder oder die Kunst des Sehens*,
Klaus Wagenbach: Berlin 1981, S.10   **S. 196**

Monika Maron, *Ach Glück*, 4. Aufl., Frankfurt am Main:
S. Fischer 2011, S.61 f.   **S. 202**

Thomas Mann, *Herr und Hund. Ein Idyll*, 4. Aufl., Frankfurt am Main:
S. Fischer 2013, S.14   **S. 204**

Jürgen Körner, *Bruder Hund & Schwester Katze*, Köln:
Kiepenheuer & Witsch 1996, S.97   **S. 215**

Monika Maron, *Wie ich ein Buch nicht schreiben kann und es trotzdem
versuche*, Frankfurt am Main: S. Fischer 2005, S.37   **S. 218**

Dieses Buch wurde klimaneutral produziert.

Druckprodukt
ClimatePartner.com/17531-2110-1001

Mai 2023
DuMont Buchverlag, Köln
Alle Rechte vorbehalten
© 2022 DuMont Buchverlag, Köln
Umschlaggestaltung: Lübbeke Naumann Thoben, Köln
Umschlagabbildung: © Madlen Lübbeke
Satz: Fagott, Ffm
Gesetzt aus der Brandon Grotesk und der Caslon
Druck und Verarbeitung: CPI books GmbH, Leck
Gedruckt auf säurefreiem und chlorfrei gebleichtem Papier
Printed in Germany
ISBN 978-3-8321-6688-5

www.dumont-buchverlag.de

—

»Es ist toll geschrieben – urkomisch und gleichzeitig
unglaublich berührend.«
DEUTSCHLANDFUNK KULTUR

416 Seiten / Auch als eBook

Christopher McDougall erzählt die ergreifende Geschichte eines
verwahrlosten Esels, der auf der Farm des Autors wieder Lebens-
willen schöpft und dabei sich und seine Menschen verwandelt.

www.dumont-buchverlag.de